Melanie Ahrens

Engel auf Erden – Leben, Lachen und Sterben

Melanie Ahrens

Engel auf Erden –
Leben, Lachen und Sterben

Kinderhospizarbeit in Deutschland

Mit einem Vorwort von Sabine Kraft

NEUKIRCHENER
VERLAGSHAUS

Das Titelbild wurde uns freundlicherweise von dem Kinderhospiz Regenbogenland, Düsseldorf zur Verfügung gestellt.
Wir bedanken uns sehr herzlich!

Verlagsgesellschaft des Erziehungsvereins mbH, Neukirchen-Vluyn
© 2007 Neukirchener Verlagshaus
www.nvg-medien.de
Titelgestaltung: Hartmut Namislow, unter Verwendung eines Bildes
aus dem Kinderhospiz Regenbogenland, Düsseldorf
Satz: Breklumer Print-Service, Breklum
Druck: Fuck Druck, Koblenz
Printed in Germany
ISBN: 978-3-7975-0166-0
Best.-Nr.: 600166

Dieses Buch ist gewidmet allen Kindern,
Jugendlichen und jungen Erwachsenen,
die einen außergewöhnlichen Lebensweg meistern
und von denen viele bereits sehr früh
in eine andere Welt vorausgehen.

Inhalt

Geleitwort

von Sabine Kraft, Geschäftsführerin Bundesverband Kinderhospiz e. V.

Der Trauerprozess, der mit dem Verlust eines Kindes einhergeht, beginnt schon sehr früh: Nämlich dann, wenn Eltern begreifen müssen, dass es keine Hilfe mehr geben wird, wenn medizinisch alles Mögliche getan wurde und trotzdem der Erfolg versagt blieb, wenn sie sich mit dem Wissen abfinden müssen: Unser Kind muss uns verlassen ...

Die Verarbeitung der Trauer endet nie. Menschen, die ein Kind ‚über'-lebt haben, sehen die Welt mit anderen Augen. Manchen aber gelingt es, diese Erfahrung in Projekte einzubringen, die anderen Betroffenen eine Hilfe sein können. Frau Ahrens ist diesen Weg gegangen. Sie hat mit Menschen Kontakt gesucht, die sich für sterbende Kinder, Jugendliche und deren Familien einsetzen. Sie hat Orte besucht und beschrieben, an denen sich dieses letzte Kapitel eines jungen Lebens abspielt. Daraus ist das Buch ‚Engel auf Erden' entstanden – ein umfassender Bericht, der mich an vielen Stellen tief berührt hat. ‚Engel auf Erden' öffnet das Tor zu einer ‚Rest'-welt, die normalerweise eher verborgen bleibt.

Sie werden den Weg dahin zusammen mit der Autorin gehen und beeindruckend miterleben, welche tragischen Geschichten sich an Orten abspielen, zu denen Sie sonst keinen Zugang haben. Das Buch zeigt verschiedene Initiativen auf und stellt Einrichtungen vor, die Hilfe bieten.

Das sensible Thema wird durch ‚Engel auf Erden' behutsam und einfühlsam ins Licht gerückt. Das Buch lässt jedem Leser selbst die Möglichkeit, zu entscheiden, wie weit er diesen Weg mitgehen will und kann. Es ermöglicht aber auch, die Probleme zu verstehen und zu erkennen, welche Hilfen sinnvoll sind. Das Buch schildert eindringlich eine Thematik, die in unserer Zeit eher tabuisiert wird. Es zeigt, wie nahe beieinander Leben und Sterben liegen und wie eng Freude und Trauer miteinander verflochten sind.

Wir leben heute in einer Mediengesellschaft. Das bedeutet, dass Dinge in ihrem Wert daran gemessen werden, wie sie in den Medien präsent sind. Sensationen zählen, machen Quote ... Das Leiden kranker Kinder und Jugendlicher kann hier nur in geringem Maße Aufmerksamkeit erregen, zumal es zwingend notwendig ist, die betroffenen Familien zu schützen und eben nicht der Medienöffentlichkeit auszuliefern.

Frau Ahrens hat diese Gratwanderung sensibel bewältigt. Betroffene Kinder, Jugendliche und deren Eltern sind einfühlsam dargestellt, ohne dass Grenzen der ethischen Verantwortung verletzt wurden. Dennoch gelingt es dem vorliegenden Buch, uns ein Stück des Weges miterleben und mitfühlen zu lassen und dabei viele Bereiche im Hilfesystem kennen zu lernen. Sie werden lesen von engagierten ehrenamtlichen und professionellen Kräften in entsprechenden Einrichtungen; Sie werden die betroffenen Familien und die kranken Kinder und Jugendlichen kennen lernen.

Der Autorin gebührt Dank dafür, dass sie sich dieses Themas angenommen hat und dass sie alle Beteiligten zu Wort kommen ließ, seien es die Mitarbeitenden oder die betroffenen Familien. Die Autorin kann eindringlich aufzeigen, wie viel Kinder ihren Eltern schenken können, auch wenn sie zu früh gehen müssen. Sie leistet außerdem einen

Beitrag dazu, Betroffenen zumindest die Sorge zu nehmen, dass sie mit dem Sterben ihres Kindes alleine seien. Dafür, verehrte Frau Ahrens, gebührt Ihnen unser aller Dank!

Ich fühle mich sehr geehrt, dass ich gebeten wurde, zu diesem Buch das Geleitwort zu schreiben. Als Frau und Mutter kenne ich die Ängste, die jeden von uns befallen, wenn ein Kind erkrankt ist. Als Geschäftsführerin des Bundesverbandes Kinderhospiz e.V. bin ich seit geraumer Zeit mit der Thematik sterbender Kinder und Jugendlicher vertraut. Und so wünsche ich mir, dass dieses Buch viele Menschen erreichen möge, dass viel über den Inhalt gesprochen wird und es so vielleicht gelingt, dieses Thema in der Gemeinschaft zu verankern und zu helfen, den schweren Weg der Betroffenen zu erleichtern.

Sabine Kraft, im Frühjahr 2007

Vorwort
Euer Lachen bringt mich
zum Weinen

Ich konnte es kaum erwarten das erste Mal ein Kinderhospiz zu betreten. Meine Mutter höre ich noch sagen: „Warum tust du dir das an? Du hast selbst ein Kind verloren und nun gehst du dahin, wo Kinder sterben." Aber durch das Schicksal mit meiner Tochter Louise war ich neugierig geworden auf diese Häuser. Auch ein Trost war es für mich, Kontakt zu den liebevollen Menschen zu haben, die in diesen Häusern arbeiten, die Nähe der betroffenen Familien zu spüren, die in diesen Häusern leben. Und ganz besonders die Wärme all der Kinder und Jugendlichen zu erfahren, die dort hingehen, wo Louise ist. Die in diese andere Welt vorausgehen. Ich kann ihnen sagen: „Dort wartet ein ganz tolles Mädchen auf dich. Du wirst dich dort wohl fühlen. Du wirst nicht alleine sein. Deine Eltern werden stolz auf dich sein." Andersherum konnte ich den Kindern Dinge mitgeben, die ich Louise gerne noch mitgegeben hätte. Kleinigkeiten wie einen kleinen Stein oder den Holzknopf unseres Sekretärs, der in unserem großen Flur steht. Diesen Holzknopf hatte Louise immer abgemacht. Aus Schabernack. Sie flitzte an dem Sekretär vorbei, während sie – schwupps – diesen Holzknopf abmachte und ihn zu Boden warf. Dieses kleine Holzding hatte es ihr angetan. Ich höre noch heute ihr gluckerndes Lachen, wenn sie dieses Ding erhascht hatte und es mir vor die Füße auf den Dielenboden warf. Erst neulich bin ich mit meiner Jacke an der Ecke des Sekretärs hängen geblieben. Der Knopf fiel zu Boden. Es folgte kein gluckerndes Lachen. Leise befestigte ich ihn wieder. Manchmal überlege ich, ob ich ihn festkleben soll. Nein, Louise soll ihn haben. Und ich werde jemanden finden, der ihn ihr überreicht.

Das Lachen von Louise und all der Kinder, die ich im Hospiz besucht habe, bringt mich zum Weinen. Es ist ein Lachen, welches in meinen Ohren lange nachhallen wird. Es zieht eine unbeschreibliche Sehnsucht hinter sich her.

Melanie Ahrens im Frühjahr 2007

Ein ganz besonderer Freund

Es ist Wochenende. Auf dem Parkplatz des Kinderhospiz Regenbogenland in Düsseldorf tummelt sich eine kleine Menschenmenge. Ein bunter Kinderkrankenwagen rollt an. Es ist ‚Little Benjamin – die Kids Ambulance', ein bunter Kinderrettungswagen. Die Leute staunen. Ein Kumpeltyp Marke Brummifahrer steigt aus dem Wagen. Es ist Oliver Berger. Ein paar neugierige Blicke streifen umher.

Seit über zehn Jahren reist der 43jährige Oliver Berger aus Wuppertal quer durch Deutschland. Er setzt sich ehrenamtlich für beeinträchtigte Kinder und Jugendliche im gesamten Bundesgebiet Deutschland ein. Vorrangig setzt er sich dabei für kranke, behinderte, sozial schwache und vor allen Dingen lebensbedrohlich erkrankte Kinder und Jugendliche ein. Er erfüllt Herzenswünsche und gibt von Herzen kommende Geschenke an Kinder und Jugendliche in Kliniken, Hospizeinrichtungen, Heimen, Kindergärten und Kinderhorten weiter. Frauenhäuser, städtische sowie kirchliche Einrichtungen für Kinder und Jugendliche werden bundesweit von ihm ebenfalls durch Sachspenden in großen Mengen unterstützt. Oliver hat einen Beruf bei den Wuppertaler Stadtwerken. Nach Feierabend, an seinen freien Wochenenden, in seiner Urlaubszeit, wann immer er eine Sekunde Zeit hat, widmet er sich ganz diesem Projekt.

Oliver lagert daheim und in einer Halle seines Arbeitgebers, die er kostenlos nutzen darf, eine große Menge an Spielwaren zwischen, bevor er seine Touren quer durch Deutschland fährt. Er arbeitet mit namhaften Vereinen und Spielwarenherstellern zusammen. Viele Privatpersonen oder auch Firmen und Spielzeuggiganten zählen zu seinen

Freunden. Die reichhaltige Auswahl an Spielwaren geht über Autos, Trecker, Kräne, Hubschrauber, Kinderküchen für Puppenmuttis bis hin zu Malstiften, Malböcken, Malpapier und Malvorlagen. Auch Computer mit Drucker und großer Auswahl an kind- und jugendgerechter Software sind vorhanden. Unterschiedliche Gesellschaftsspiele, Bastelmaterial, Windowcolor, Gameboys mit verschiedenen Spielen, Plüschtiere, Bobbycars, Treckertretfahrzeuge, Fußbälle, Federballspiele, Tischfußball, Kinderspielhäuser, Puzzles, Holzspielzeug, Knetmasse, Dreiräder, Puppenwagen mit Zubehör, Puppen mit Zubehör, Puppenhäuser und sogar Pflegeprodukte und vieles mehr sind für die Kinder und Jugendlichen vorgesehen.

Mit der Kids-Ambulance ‚Little Benjamin' erfüllte sich Oliver Berger seinen größten Traum. Die Kinder, die er bisweilen in Kinderkliniken besucht hat, haben ihn dazu gebracht, seinen Traum und seine Idee in die Tat umzusetzen. Er kaufte sich von privaten finanziellen Mitteln und nötigen Spendengeldern einen acht Jahre alten Rettungswagen. Zuvor wurde der Rettungswagen vom österreichischen Roten Kreuz im Gebirge in Tirol gefahren. Der Rettungswagen ist ein Notfallkrankenwagen, der aufwändig umgebaut wurde. Außen ist der Kinderkrankenwagen gelb-blau lackiert. Er wurde dezent mit lustigen Motiven beklebt. Viele Kinder, die Oliver befördert, brauchen ständig Sauerstoff oder müssen liegend transportiert werden und während der Fahrt eine ganz besondere Fürsorge erfahren. Oliver hat die Kids-Ambulance daher entsprechend ausgerüstet und verschiedene Sanitätsausbildungen absolviert. Die Innenausstattung des Wagens beinhaltet eine vollständige medizinische Ausrüstung. Ansonsten bietet der Rettungswagen einen Radio-CD-Player, Lautsprecher, Handy nebst Freisprechanlage, Fernseher, DVD-Player am Bett und am Transportstühlchen. Ein Kindersitz steht genauso zur Verfügung wie eine spezielle Kindertransportvorrichtung für

Ferno-Tragen zum Transport von Kleinkindern. Die Patiententransporte werden von fachlich qualifiziertem Personal begleitet und durchgeführt. Alle an dem Projekt beteiligten Personen bringen sich ehrenamtlich in ihrer Freizeit ein. Die Weiterbildung des zur Verfügung stehenden Personals wie Sanitäter, Rettungshelfer, Rettungssanitäter und Kinderkrankenschwestern sowie die medizinische Realisierung des Projektes, übernimmt – ebenfalls ehrenamtlich – ein Rettungsmediziner und Notarzt.

Oliver Berger und sein Team fahren mit ‚Little Benjamin' schwerkranke und unheilbar kranke Kinder und Jugendliche in einen Freizeitpark, einen Tierpark, einen Zoo, zu einer Musikveranstaltung, zu einem Konzert, zu einer Ausstellung, zu einem Schlittenhunderennen oder zu anderen Zielen, um diesen Kindern und Jugendlichen, ihren Eltern, Geschwistern und weiteren Angehörigen einen unvergesslichen Tag zu bereiten. Oliver betont: „Wir fahren keinen Rettungsdienst und keine normalen Krankentransporte!" Kinder und Jugendliche werden auch ins Kinderhospiz gefahren. Olivers Hauptmerk liegt auf dieser Tätigkeit. Den betroffenen Familien wird in einem Hospiz geholfen, die

ihnen noch verbleibende Zeit gemeinsam möglichst erfüllt und positiv zu gestalten. Oliver trägt seinen Anteil dazu bei. Für jeden Fahrpatienten gibt es von den Spielzeugengeln ein Geschenk – eine kuschelige Decke oder einen Teddy zum Anlehnen.

Wenn ‚Little Benjamin' einmal nicht ausreicht, um viel Gepäck, einen Rollstuhl und ein betroffenes Kind mit mehreren Angehörigen in ein Kinderhospiz zu befördern, steht noch ein ‚Big Benjamin' zur Verfügung. Er ist ein großer Linienbus. Oliver bekam ihn von seinem Arbeitgeber, den Wuppertaler Stadtwerken, gesponsert. Die Kids-Ambulance ‚Big Benjamin' ist ebenso wie ‚Little Benjamin' aufwändig umgebaut. Die Innenausstattung des Wagens beinhaltet die gleiche vollständige medizinische Ausrüstung wie der ‚Kleine'. Das Team fährt mit diesem Busgefährt außer Fahrten in ein Hospiz auch noch in der Gestalt eines mobilen Kinderzimmers Stadtteile, Spielplätze, Kindergärten, Kinderfeste, Kinderveranstaltungen und Kinderkliniken an. Im Bus oder um den Bus herum können bei diesem Projekt beeinträchtigte Kinder und Jugendliche zusammen mit nicht beeinträchtigten Kindern und Jugendlichen ein großes Angebot nutzen. Geboten werden klassische Gesellschaftsspiele, Holzeisenbahnen, Playmobilwelten, Spielautos, Spielkonsolen und eine komplette Computeranlage mit Drucker und altersgerechter Software. Der Bus ist weiterhin mit einer Musikanlage ausgestattet, die über Lautsprecher auch von außen genutzt werden kann. Der Bus kann mit einem Rollstuhl befahren und mit Gehhilfen begangen werden. Dazu wurden Hindernisse aus dem ehemaligen Linienbus ausgebaut. Unter Anleitung und Aufsicht der ehrenamtlichen Helfer aus Olivers Verein können Kinder und Jugendliche in einer kleinen Bordküche zum Beispiel kleine Speisen kochen oder Popcorn selber herstellen. Der Bus wird bei Unfällen oder Bränden auch als Notfall-Betreuungs-Bus eingesetzt. Kinder und Jugendliche werden dann im Bus vom Team seelsorgerisch betreut und aufgefangen.

Oft ist Oliver als Spielzeugengel unterwegs. Dann werden keine Patienten gefahren, sondern der Innenraum seiner Fahrzeuge ist bepackt mit Spielwaren. Es gibt dann viele Geschenke. Oliver macht Kinder für einen kleinen Moment glücklich in ihrem manchmal kurzen Leben. In der Vorweihnachtszeit läuft bei den Spielzeugengeln in Wuppertal alles auf Hochtouren. „Gerade in der stillen besinnlichen Jahreszeit brauchen viele unserer Kinder und Jugendlichen und ihre Familien eine große Unterstützung!", fordert Oliver. Seit Jahren verschickt er daher zur Weihnachtszeit anonym Pakete an sozialschwache Familien in ganz Deutschland, von denen er gehört hat, dass von den Eltern keine Weihnachtsgeschenke gekauft werden können. Somit erhält er den Kindern den Glauben an das Christkind und gibt den Eltern die Möglichkeit, ihr Gesicht zu wahren. Bis zu 200 Pakete verlassen jährlich zur Weihnachtszeit Olivers Wohnzimmer, in denen er die Pakete liebevoll für die Familien zusammenstellt.

Meine Familie und ich hatten das große Glück, Oliver Berger bei einem Aufenthalt mit Louise in einer Hamburger Klinik kennen zu lernen. Oliver beschenkte dort auf einer Station kranke Kinder, darunter meine Tochter Louise. Oliver kam in das Patientenzimmer hereingeschneit, in dem Louise aufgrund einer Infektion isoliert liegen musste. Ein großer Elefant folgte Oliver. In dem Elefant steckte ein Mensch. Er saß an Louises Bett und Louise strahlte, wie keinen Tag zuvor, seitdem wir in diesem Zimmer mit einem Bett und 24-Stunden-Fernsehprogramm hausten. Oliver beschenkte Louise mit Bastelmaterial, Bastelscheren, Buntstiften und Pflegeprodukten. Dann gingen er und der große Elefant. Dieses Erlebnis war überwältigend. Es war wie ein Traum. Louise saß in ihrem Bett und spielte mit ihren Geschenken. Ich schlich mich aus dem Zimmer und lugte um die Ecke. Da machten der Elefant und Oliver schon ein anderes Kind glücklich. Ich ging weiter zum Spielzimmer und sah die glücklichen Kinder, die sich über einen riesigen Berg von Spielwaren freuten. Kurze Zeit später war Ruhe auf der Kinderstadion. Als ich in Louises Zimmer zurückging, saß Oliver auf Louises Bett. Er wollte sie noch einmal sehen. Er hatte sich in sie vernarrt. Er küsste ihre Glatze und streichelte sie. Tage später auf der anderen Kinderstation wurde uns ein Zettel übergeben mit der Aufschrift: „Louise verzweifelt gesucht!" Dabei stand eine Handy-Nummer von Oliver. Ich rief ihn an. Wir machten einen Termin aus und Oliver besuchte uns zusammen mit seinem Vater Horst. Unsere Dorfbewohner staunten nicht schlecht, als ein großer Bus durch unser Dorf fuhr. Louise und Loreen durften im Bus mitfahren. Wieder hatte Oliver reichlich Geschenke mitgebracht. Weil wir das alles selbst gar nicht behalten wollten, überlegten wir uns, die Spende an unsere nahe gelegene Kinderklinik zu übergeben. Oliver gab mir die Möglichkeit, mich auch einmal wie ein Spielzeugengel zu fühlen. Mein Herz hüpfte vor Freude, als ich den Kindern die Spielsachen übergeben durfte. Die Erzieherin der Station stand zu Tränen gerührt daneben. Es hatte ihr die Sprache verschlagen.

Selbst als Oliver uns einmal an der Nordsee besuchte, um sich eine frische Brise um die Ohren wehen zu lassen, ist er ganz nebenbei bereit für einen Einsatz. Ein kleines Mädchen hatte am Strand im Getümmel unter Tausenden von Menschen seine Eltern verloren. Auf einer Bühne bei einem Fest spielte eine Rockband. Ein älterer Herr hatte das verstörte Mädchen gefunden, das weinte und nach ihrer Mama rief. Der Herr bat den Sänger der Rockband mit dem Namen „Die gesegneten Cordhosen" eine Durchsage zu machen. Sogleich folgte ein Hilferuf. Es meldete sich niemand. Niemand, außer dem älteren, langsam hilflos wirkenden Mann, kümmerte sich weiter um die Kleine. Oliver holte seine leuchtend gelbe Einsatzjacke mit der Aufschrift „Kindernotfallseelsorger" hervor, ging zu dem Mädchen und dem älteren Herrn und kümmerte sich um die Kleine. Er ging mit ihr durch die Menschenmassen und hielt Ausschau nach den Eltern der Kleinen. Ich suchte inzwischen die Toilette auf und als ich wieder zurückkam und über den Deich schaute, saß Oliver mit dem kleinen Mädchen in einem Feuerwehrauto und fuhr am Strand entlang. Aus dem Lautsprecher ertönte Ollis Stimme: „Die kleine Vanessa hat ihre Eltern verloren. Vanessa ist fünf Jahre alt, hat blonde lange Haare." Der Feuerwehrwagen fuhr die Strandmeile eine Weile hin und her und siehe da: der Vater des Kindes war im Anmarsch.

Oliver beschenkt nicht nur die Kinder. Er spielt auch mit ihnen. In die Kinderklinik der Berliner Charite hat Oliver Gameboys und CDs mitgebracht. Dann wird gleich losgelegt und gespielt und nach Musik getanzt. „Ich erkundige mich immer gleich nach den ganz kranken und ansteckenden kleinen Patienten. Viele müssen isoliert liegen. Dann nehme ich mir einen Mundschutz, ziehe die Schutzkleidung an und besuche erst einmal diese Patienten. Als erstes bekommen die Kinder ein Kuscheltier, eine Spieluhr oder anderes. Sie liegen so lange in ihren Betten, so abgeschottet. Sie brauchen etwas zum Anlehnen und zum Trost." Da kommen diese Kleinigkeiten eben gut an. Olivers Vater Horst, der schon weit über 70 Jahre alt ist, ist oft mit auf Olivers Touren durch Deutschland. Die Kinder staunen nicht schlecht, wenn ihnen der liebe Opa, der einen langen grauen Bart hat, Geschenke entgegenstreckt. Und Geschichten kann er erzählen, der Opa Horst. Zu Weihnachten ruft er seine kleinen Patientenkinder an und wünscht ihnen und ihren Familien alles Gute.

Ich entdeckte bei Oliver eine Auszeichnung ‚Guinness Buch der Rekorde Urkunde'. „Was ist das denn?", fragte ich neugierig. „Meine Frau und ich sind einmal mit einem Tankwagen-Oldtimer als Riesensammelbüchse durch

Deutschland getourt, um für Knochenmarkspenderaktionen Geld zu sammeln. Der Oldtimer-Tankwagen hat ein Fassungsvermögen von 12.500 Litern. Du kannst dir nicht vorstellen, was hineinpasst!" Der Tankwagen ist die größte mobile Sammeldose der Welt. Oliver hat sagenhafte Ideen. „Viele Einzelschicksale haben mich in der Vergangenheit sehr berührt, so dass es mir ein dringendes Bedürfnis war, handeln zu müssen", hat Oliver mir verraten. Als wäre es selbstverständlich erzählte er mir, dass er beispielsweise von Sponsoren Autos für schwerkranke Kinder sponsern ließ. Die erkrankten Kinder und ihre Angehörigen benötigen ständig einen fahrbaren Untersatz. Er sammelt Gelder bei Firmen für Fahrzeuge, die das Leben der Kinder und der Familien erträglicher ablaufen lassen. Ich kann sehr nachvollziehen, dass diese Familien nicht zurecht kommen können ohne einen fahrbaren Untersatz. Ob stationäre oder ambulante Aufenthalte oder Besuchsfahrten zu dem eigenen Kind in die Klinik, ein Auto muss vorhanden sein. Die Krankenkassen erstatten nur einen geringen Teil an Fahrtkosten für diese nötigen Touren. Ich erinnere mich noch genau, als Louise einmal einen furchtbar schweren Krupphustenanfall hatte. Unser Inhaliergerät war kaputt und unser Wagen war in der Werkstatt. Ich musste ein Taxi in die nächstgelegene 20 Kilometer entfernte Stadt schicken, um ein Inhalier-Leihgerät zu beschaffen. 80 Euro kostete diese Hin- und Rückfahrt. Ein Auto ist lebensnotwendig bei der Erkrankung eines Kindes. Auch als Louise ihre Chemotherapien erhielt, benötigten wir immer dringend ein funktionierendes Auto, auf das Verlass war.

Heute ist so ein Tag, an dem Oliver mit seiner Kids-Ambulance keine Patienten fährt. Heute fährt Oliver mich in einer Sonderfahrt zum Kinderhospiz Regenbogenland in Düsseldorf. Wir machen uns also auf einen ganz besonderen Weg mit ‚Little Benjamin'. Während Oliver mir auf dem

Weg zu unserem geplanten Ziel schon einmal etwas über die Einrichtung erzählt, fahren wir an staunenden Menschen vorbei. Sie schauen sich nach dem Kinderkrankenwagen um. Eine junge Familie steht am Straßenrand. Ein Junge zeigt erstaunt und lachend auf den Wagen. Als wir an der Ampel bei Rot halten müssen, winkt uns ein älterer Herr zu. Einfach so, weil wir wohl nett aussehen in diesem bunten Kinderkrankenwagen. Ich winke zurück und schließlich erreichen wir das Kinderhospiz Regenbogenland, auf dessen Vorhof und auf dem Bürgersteig schon diese kleine staunende Menschenmenge steht. Ich darf mir das Haus anschauen. Oliver und mein Mann Rolf begleiten mich. Wir treten ein als Gäste in ein Land einer ganz anderen Welt.

Regenbogenland – ein Ort zum Leben

Es ist ein Land, in das Kinder und Jugendliche eintreten dürfen, die zu gut sind für diese Welt. Das ‚Regenbogenland‘, eine Hospizeinrichtung in Düsseldorf.

Ein Kinderhospiz ist eine Einrichtung für Kinder und Jugendliche, die von der Diagnose ‚unheilbar krank‘ betroffen sind. In einem Kinderhospiz werden Kinder und Jugendliche gepflegt, die an einer tödlich verlaufenden Krankheit leiden. Voraussetzung für die Aufnahme in ein Kinderhospiz ist, dass das betroffene Kind an einer lebensbegrenzenden Krankheit erkrankt ist und die Auswirkungen der Erkrankungen so schwerwiegend sind, dass das Kind das Erwachsenenalter voraussichtlich nicht erreichen wird. Dies muss durch den behandelnden Arzt auf seiner

Verordnung bescheinigt werden. Kinderhospize sind Einrichtungen, in denen die betroffenen Kinder und Jugendlichen zusammen mit ihren Familien einen würdigen Abschied nehmen können. Sie können sich mit einfühlsamer Begleitung und professioneller Pflege auf ihren letzten Weg vorbereiten. Aufgenommen werden Kinder im Alter von 0 – 16 Jahren, weil nur bis zur Vollendung des 15. Lebensjahres die Krankenkasse die Aufnahme anteilig bezuschusst. Das Kinderhospiz Regenbogenland nimmt aber alle Kinder, die vor dem 15. Lebensjahr schon einmal dort waren, auch länger auf. Dabei ist die Herkunft oder Religionszugehörigkeit unabhängig.

Das Wort Hospiz stammt aus dem Lateinischen und hat zwei Bedeutungen: Herberge und Gastfreundschaft. Die Idee, Kinder, die Geschwisterkinder und Eltern von der Diagnose an bis zum Tod zu begleiten und Kraft zu geben, stammt aus Großbritannien. Dort gibt es seit Anfang der 80er Jahre inzwischen 27 solcher Einrichtungen. In Deutschland sind stationäre Kinderhospizeinrichtungen schüchtern am Kommen. Die ambulanten Dienste verbreiten sich immer mehr. Flächenweise scheint es mir, dass sie wie Pilze aus dem Boden schießen. Kinder, die keine lange Lebenserwartung haben, kommen auch in ein Hospiz um Urlaub zu machen, um ihre Begleiter und Begleiterinnen kennen zu lernen und einen liebevollen Bezug zum Haus aufzubauen. In einem Kinderhospiz wird nicht nur gestorben. Es wird auch viel und laut gelacht. Es wird gespielt, gesungen und alle haben viel Spaß zusammen.

Gabriele van den Burg ist Vorstandsvorsitzende des Fördervereins Kinderhospiz Regenbogenland Düsseldorf e.V. Sie hatte die Idee, etwas für Kinder zu tun. Die Idee ging ihr schon lange im Kopf umher, aber ihr war nicht recht klar, welche Form die Hilfe annehmen sollte. Erst während eines Seminars für ehrenamtliche Hospizbegleiter reifte die Idee weiter aus. Sie wusste auf einmal, was sie für

Kinder tun wollte: Ein Hospiz für Kinder, die eine lebensbedrohende Krankheit mit einer verkürzten Lebenserwartung haben. Es sollte eine Zuflucht für die Kinder, die Eltern und die Geschwisterkinder werden.

Aufgabe des Fördervereins war es, sich zunächst auf die Suche nach einem geeigneten Grundstück bzw. Haus zu machen. Die Erschließung finanzieller Hilfen als Hilfe zum Aufbau und Einrichtung des Kinderhospizes war nötig. Zu den Aufgaben des Fördervereins gehört es, Öffentlichkeitsarbeit zu betreiben, um den Mitmenschen den Sinn und das Bedürfnis nach solch einem Kinderhospiz näher zu bringen. Das oberste Ziel des Fördervereins liegt darin, Spenden zu sammeln, um das Vorhaben – den Aufbau und das Überleben eines Kinderhospizes – zu verwirklichen und den zukünftigen Bestand zu sichern. Das noch recht junge Haus in Düsseldorf existiert seit dem Juli 2004.

Das Kinderhospiz Regenbogenland hat betreuungstechnisch eine besondere Konzeption. Eine ganzheitliche Begleitung betroffener Kinder und deren Familien steht im Vordergrund. Die Arbeit des Kinderhospizes teilt sich in unterschiedliche Schwerpunkte auf. Es gibt den Bereich ambulanter Familienbegleitung durch Ehrenamtliche, die speziell dafür ausgebildet worden sind und den stationären Bereich. Insgesamt 22 feste und 50 ehrenamtliche Mitarbeiterinnen und Mitarbeiter sind im Kinderhospiz Regenbogenland im Einsatz.

Melanie Stacha ist Diplom-Sozialpädagogin im Kinderhospiz Regenbogenland. Melanie ist selbst ein betroffenes Geschwisterkind. Sie verlor im Alter von 11 Jahren ihren Bruder. Das erzählt sie mir offen, als ich sie frage, warum sie gerade die Arbeit in einem Kinderhospiz gewählt hat. Während Melanie mich durch das schöne Haus in der Torfbruchstraße in Düsseldorf führt und mir die Räumlichkeiten zeigt, sagt sie: „Für mich ist es wichtig, etwas zu tun, was mir besonders am Herzen liegt. Meine eigene Erfahrung und meine Trauer geben dafür Tag für Tag eine besondere Motivation und Leidenschaft für meine Arbeit hier im Regenbogenland. Mein Schwerpunkt ist daher auch die Begleitung und Betreuung der Geschwister." Die Bedeutung der Geschwisterbeziehung ist sehr wichtig. Die Geschwister stehen in einer besonderen Position, wenn ein Kind in der Familie lebensbedrohlich erkrankt ist. Sie trauern über ein un-

Melanie Stacha

vorstellbares Maß hinaus. Sie ziehen sich oft zurück, fühlen sich vernachlässigt, haben Ängste von unvorstellbarem Ausmaß, sie verstehen die Welt nicht mehr.

Auch meine Tochter Loreen ist so ein Geschwisterkind, deren Welt ins Wanken geriet. Sie ist kein Kind, dessen Schwester in einem Kinderhospiz gestorben ist, sondern Zuhause, aber sie ist auch ein Geschwisterkind mit einer ganz besonderen Trauer. Sie erschien anfangs nach Louises Tod so kraftvoll. Sie forderte uns ständig auf, nicht mehr zu weinen, nicht traurig zu sein. Sie erzählte uns, dass Louise jetzt ein Engelchen wäre und im Himmel ist. Sie drückte und umarmte uns so viele Male am Tag. Sie wusste genau Bescheid. Ein Kind im Alter von vier Jahren, obendrein oder gerade wegen ihrer Behinderung sehr einfühlsam. Gewissenhaft lehrte sie uns das Umgehen mit Trauer. Dann, nach einer gewissen Zeit, ungefähr einem halben Jahr, kamen auch ihre Ängste. Sie wollte nur noch bei Mama bleiben, nur noch im Haus bleiben. Sie wollte gar nicht mehr in den Kindergarten. Sie wollte lieber daheim spielen. Wenn sie bei ihrer Oma Karin war, fragte sie Oma stündlich, ob

Mama auch wirklich wiederkäme. Sie hatte Angst, dass auch sie ‚wegmusste', nicht mehr bei ihren Eltern sein konnte wie ihre Schwester Louise. Wie oft hatte sie erlebt, dass Louise nach Wochen im Krankenhaus zurückkehrte. Loreen hatte sie immer freudestrahlend empfangen. Die Schwestern rannten sich entgegen und Louise rief: „Meine Loreen, ich bin wieder da!" Loreen war überglücklich. Aber irgendwann kam Louise nicht mehr wieder. Loreen wusste es und wollte dann lieber gleich überhaupt nicht mehr woanders hin. Sie wollte lieber bei uns bleiben. Mit ihr über Sterben und Tod zu sprechen war und ist schwierig.

Für die Trauerbegleitung der Geschwisterkinder hat Melanie Stacha ein ganz besonderes Konzept erarbeitet: Das Kinderhospiz Regenbogenland hat es sich zur besonderen Aufgabe gemacht, die Geschwister von unheilbar und lebenslimitiert erkrankten Kindern in besonderem Maße zu unterstützen. „Diese Geschwister leben in einer schwer belasteten Familiensituation, in der sie Hilfe und Anerkennung brauchen. Dabei ist die professionelle Begleitung von Geschwistern bei uns ganz bewusst in den Mittelpunkt gerückt", informiert mich Melanie.

Die Geschwisterkinder bekommen im Kinderhospiz Regenbogenland einen Raum, in dem sie gehört und gesehen werden. Sie brauchen diesen Freiraum, der ihnen die Erlaubnis gibt, Dinge auszusprechen und loszuwerden, die ihnen ihre familiäre Situation sonst nicht zugesteht. Sie brauchen einen Schutzraum für Auseinandersetzungen mit ihrer Situation. Sie brauchen die Unterstützung und den Austausch mit Kindern, die in einer ähnlichen Situation sind wie sie selbst. „Dabei gehen wir die Kontaktaufnahme sehr vorsichtig an", erzählt Melanie. „Die Kinderhospizarbeit mit Geschwisterkindern basiert auf einer behutsamen Kontaktaufnahme und auf niederschwelligen Angeboten mit dem Ziel, eine vertrauensvolle Beziehung herzustellen. Ressourcenorientierte und individuelle Angebote bieten

Möglichkeiten, in vertrauensvollen Kontakt zu gelangen, um ein Stück des Weges gemeinsam zu gehen. Dabei bestimmen die Kinder die Richtung." Besonders unterstützt werden die Kinder während der Erkrankung, und nicht weniger über den Tod ihres Geschwisterkindes hinaus. Die Geschwisterkinder werden hierdurch während der langen Krankheitsphase aufgefangen, auf den Tod ihres Geschwisters vorbereitet. Gleichzeitig können sie in ihrer individuellen Trauer so lange wie möglich begleitet werden.

Das Kinderhospiz Regenbogenland bietet monatliche Familiennachmittage an, bei denen die Geschwisterkinder ihren eigenen Raum erhalten und betreut werden. Unter der Organisation von Melanie Stacha bietet das Kinderhospiz den Geschwistern unter anderem einmal im Monat einen Geschwistertag, wo kleine und große Ausflugswünsche erfüllt werden können und sie ein wenig abschalten dürfen. »Sie können sich mit anderen Geschwistern austauschen und merken, dass sie mit ihrer besonderen Situation nicht allein sind. Die Geschwister untereinander verstehen sich auch ohne viel erklären zu müssen, sie wissen einfach, was es bedeutet, wenn ihr krankes Geschwisterkind wieder ins Krankenhaus muss und alle in dieser Zeit in besonders großer Sorge sind. Wir versuchen ihnen die Möglichkeit zu geben, einander anzuvertrauen, um ihre Situation ein wenig zu erleichter", sagt Melanie Stacha.

Hinzu kommen Angebote für individuelle Geschwistertage sowie eine persönliche und umfangreiche Betreuung während eines Aufenthaltes im Kinderhospiz. Nachdem die Geschwister sich durch mehrere Ausflüge und gemeinsame Aktivitäten näher kennen gelernt haben, ist ein thematisches Herangehen an ihre persönliche Situation möglich. Dies geschieht mit ihnen bereits vertrauten Personen. Nur wenn es den Begleitern gelingt, von sich selbst abzusehen und die Erwachsenenperspektive in den Hintergrund zu stellen, können sie sich für diese besondere Situation öffnen, sich den Kindern zuneigen und in einen Kontakt treten, der von Empathie und Akzeptanz getragen wird.

Während meines Besuches in Düsseldorf lerne ich auch Harriet Kämper kennen. Harriet arbeitet seit vielen Jahren als ausgebildete Trauerbegleiterin und Gestalttherapeutin mit verwaisten Eltern und Geschwistern. Mit der Eröffnung des Kinderhospiz-Regenbogenland im Juli 2004 steht sie als Familien- und Trauerbegleiterin der ganzen Familie zur Seite. Gefühlvoll und mit ihrer frohen Ausstrahlung unterstützt sie die Betroffenen, die mit der Diagnose „unheilbar krank" leben müssen. Sie findet mit ihnen gemeinsam Wege, die die Betroffenen ermutigen und stärken können. Ganz wichtig sind Harriet auch die Geschwisterkinder. Diese Kinder sind voller Sorgen und haben eine Menge Fragen. Aus Rücksicht auf ihre erkrankten Geschwisterkinder, Eltern und Angehörigen oder aus Verunsicherung unterlassen sie es häufig, Fragen zu stellen. Sie unterdrücken die Fragen, die in ihnen brennen. Diese Unterdrückung kann die Kinder krank machen. Sie zeigen gleichzeitig auch verändertes Verhalten oder auffällige Reaktionen. Sie sind einfach überfordert. Sie werden aggressiv, verstummen, sie nässen oder koten ein, haben Schlafstörungen, haben ein gestörtes Essverhalten bis hin zur Verweigerung von Essen und neigen zu psychosomatischen Schmerzsymptomen. Die Kinder müssen aufgrund der Situation, die sie umgibt, in jungen Jahren ganz tapfer, groß und vernünftig sein. Ein Stück ihrer Kindheit geht ihnen verloren. Harriet Kämper hebt hervor: „In den wertvollen Begegnungen mit Eltern und Kindern wird mir immer wieder neu bewusst, mit wie viel Lebensmut – es ist eher ein Überlebensmut – und mit wie viel Kraft und Liebe diese Familien ihren Weg gehen." Mut, Lachen, Fröhlichkeit, Trauer, Wut und Verzweiflung stehen dicht beieinander. Harriet sieht diese Familien als Vorbild. Sie sind ihre Lehrmeister. „Sie lehren uns, das Leben zu leben." Harriet und das gesamte Team des Kinderhospiz-Regenbogenland begleiten die Geschwisterkinder durch diese erschwerte Lebenszeit. Im Einzelkontakt oder in der Gruppe bekommen die Kinder altersentsprechende Antworten auf alle ihre Fragen und Hilfestellung bei ihren Sorgen und Nöten. Dabei werden alle Angebote des Kinderhospizes mit den Eltern und den Kindern besprochen. Die Zeit, die sich das Team des Kinderhospizes mit den Geschwisterkindern nimmt, dient der Entlastung und dem Verstehen aller Beteiligten.

Harriet Kämper

Harriet hat vor ihrer Tätigkeit im Kinderhospiz Regenbogenland einen ambulanten Hospizdienst in der Nähe von Bremen ins Leben gerufen. Sie hat diesen sieben Jahre lang ehrenamtlich geleitet. Die wertvolle Erfahrung aus dieser Arbeit kann sie in die Arbeit im Kinderhospiz einbringen. Sie ist Ansprechpartnerin für alle Ehrenamtlichen, sie organisiert die Einsätze. Es ist ihr eine Freude, die ehrenamtlichen Helferrinnen und Helfer auf ihre Mitarbeit im Kinderhospiz vorzubereiten und zu schulen.

Kinder begreifen den Tod eines geliebten Menschen anders als Erwachsene. Ihre gesamte Welt gerät ins Wanken. Ihre bisherigen Erfahrungen stimmen nicht mehr mit dem überein, was sie nun erleben müssen. Kinder können bis zu einer gewissen Grenze verstehen, der Tod eines geliebten Menschen geht über die Grenzen ihres Verstehens hinaus. Die Erfahrung zeigt, dass Kinder den Kontakt mit gleichaltrigen Betroffenen als sehr positiv empfinden. In sogenannten Trauergruppen für Geschwisterkinder erleben sie Gleichgesinnte. Sie erfahren Solidarität und eine ganz starke Gemeinschaft. Sie können sich hier mit den Prozessen Sterben, Tod und Trauer auseinandersetzen. Geholfen wird vor allem mit kreativen Methoden, wie Musizieren, Tanzen und Bewegung, Geschichten erzählen und hören, Malen, Kneten, Backen, und vieles mehr. In den Trauergruppen moderieren die Mitarbeiter Gespräche der Kinder untereinander oder sitzen mit einem einzelnen Kind zusammen. Die Kinder malen, reden, spielen oder geben auf verschiedene Art ihrer persönlichen Trauer um einen verlorenen geliebten Menschen speziellen Raum und freien Lauf. Wichtig ist es für die Kinder, über ihre Sorgen und Ängste zu sprechen. Allein oder in einer Gruppe. Dazu haben sie bei diesen Trauergruppen Gelegenheit. Mit Spielwaren, wie beispielsweise Playmobilfiguren, können Trauerphasen gut nachgespielt werden.

Melanie beginnt mit ihrer Führung. Bei unserem Rundgang durch das Hospiz zeigt sie mir zunächst die Büros, die Verwaltung. Dann kommen wir in das obere Stockwerk, in dem Wohnungen für Eltern und Angehörige der Kinder zur

Verfügung stehen. Eine Suite mit Blick auf den herrlichen Garten ist ein Ort zum Wohlfühlen und Zurückziehen für Eltern und Angehörige. Schlaf- und Wohnzimmer mit großem Bett für die Eltern und mehreren Schlafmöglichkeiten für Geschwisterkinder oder auch die Großeltern sind vorhanden. Das Haus bietet Platz für acht betroffene Kinder und Jugendliche. Ebenso können Angehörige all dieser betroffenen Kinder mit aufgenommen werden.

Im Untergeschoss befinden sich die Zimmer für die Patientenkinder. Sie sind um ein glasüberdachtes Atrium angereiht, welches die Mitte des großzügigen Flures ziert. In der Mitte des Atriums sitzt ein Frosch aus Stein. Er hat etwas Märchenhaftes an sich. Der Boden des Atriums ist bedeckt mit einigen Steinen, auf denen die Namen der Kinder stehen, die im Kinderhospiz gestorben sind. Ganz nach ihren Gefühlen und Bedürfnissen können die Angehörigen später, wenn es an der Zeit ist, den Stein jederzeit besuchen und im Atrium eine Kerze für ihr Kind anzünden.

An den Flurbereich grenzen Pflege-, Arbeits- und Lagerräume sowie die „Kommandozentrale" der Kinderkrankenschwestern, ein Pflegestützpunkt. Für die therapeutische Betreuung finden sich ein Snoezel- oder Traumzimmer mit stimulierenden Einrichtungen wie Wasserbett, Vibrationssäulen, Sternenhimmel, Licht- und Lauteffekten sowie ein kleiner Therapieraum für Tanz, Bewegung und Gymnastik. Den Snoezelenraum kenne ich aus dem heilpädagogischen Kindergarten in unserem Landkreis und aus dem Integrationskindergarten in unserem Nachbardorf. Diese Räume helfen den Kindern Ruhe zu finden und sich wohl zu fühlen. Sie werden dort auf eine ganz besondere Weise mit Lichteffekten und durch die sanften Bewegungen auf dem Wasserbett stimuliert.

Die Wände des Kinderhospizes zieren wundervolle Bilder, die Kinder oder Erwachsene gemalt haben. Viele Regenbögen mit leuchtenden Farben sind abgebildet. Ebenso leuchtet über der gesamten Außenvorderfront an der Hauswand im Eingangsbereich des Kinderhospizes ein Regenbogen. Besondere Bedeutungen haben die Bereiche Abschied und Erinnern. Es gibt einen Abschieds- und Aufbahrungsraum, die beide abgeschirmt sind vom laufenden Betrieb im Kinderhospiz. Im Aufbahrungsraum ist ein ‚Kühlbett' vorhanden. Es ist das Bett, in dem die verstorbenen Kinder liegen. Ein durchsichtiger Deckel liegt auf dem Bett. Irgendwie hat dieses Ding auch etwas ganz Eigenartiges, fast Märchenhaftes an sich. Ich komme zunächst nicht drauf, aber dann schießt es mir in den Kopf: Wenn ein Mädchen drin liegen würde, wird es aussehen wie Schneewittchen in einem Glassarg.

Für die Zeit der Trauer, des Gedenkens und Erinnerns können sich Eltern und Angehörige in den ‚Raum der Stille' im Dachgeschoss zurückziehen. Dieser Raum ist eine Bibliothek und lädt zum Verweilen und Nachdenken ein. Es können hier aber auch vertraute Gespräche mit Verwandten, Ärzten, Therapeuten und Seelsorgern geführt werden.

Barbara Saatmann ist eigentlich Justizbeamtin beim Landgericht Düsseldorf. Und das schon seit 33 Jahren. Nun ist sie Hausdame im Kinderhospiz Regenbogenland. Und das ehrenamtlich. Barbara versteht ihre Aufgabe als Herbergsmutter. Nach reiflicher Überlegung stellte sie bei ihrem Arbeitgeber, ihrem Dienstherrn, wie sie es so schön formuliert, einen Beurlaubungsantrag für zwei Jahre ohne Bezüge. Das Abenteuer Hospiz begann für Barbara Saatmann im Juli 2004. Zu ihrem Aufgabengebiet im Hospiz gehört die Leitung des Hotelbetriebs im Elternbereich. Sie kümmert sich um die Wäsche, die Reinigung und um das Essen. Sie koordiniert das Reinigungspersonal und die Küche. Sie führt Essenslisten und die dazugehörige Kasse. Sie tätigt Lebensmittelbestellungen und Einkäufe, pflegt die Blumen im Haus und im Garten, gewährleistet den Hin- und Rücktransport zur Wäscherei, betreibt die Logistik des

Büromaterials und die Logistik von Informationsmaterial. Sie stellt Material zusammen, das an verschiedenen Informationsständen bzw. Veranstaltungen benötigt wird und räumt es auch nach Beendigung sämtlicher Veranstaltungen wieder zurück. Auch übernimmt Barbara die Jahreszeitendekorationen im Haus.

Barbara berichtet: „Als ich zum Team des Regenbogenlandes kam, wartete schon ein Berg Aufgaben auf mich. Das Haus wurde gerade eingerichtet. Porzellan, Besteck, Wäsche, Handtücher und andere lebensnotwendige Dinge, wurden von Frau van den Burg und mir beschafft. Alles musste ausgepackt, gespült und in die Schränke einsortiert werden. Tatkräftige Unterstützung bekamen wir dabei von den Kinderkrankenschwestern." Eine zweite Beurlaubung hat sie bereits beantragt. Diese ist genehmigt worden. Nun wird sie dem Kinderhospiz mit ihrer tatkräftigen Unterstützung und ihrer Herzlichkeit bis Mitte des Jahres 2008 zur Verfügung stehen. „Meine Arbeit als Justizbeamtin hat mir immer sehr viel Freude bereitet, aber hier im Kinderhospiz Regenbogenland ist es so, als hätte ich nach langem Suchen endlich das Richtige gefunden, obwohl ich nicht nach dieser Tätigkeit gesucht habe. Sie ist mir buchstäblich ‚auf den Kopf' gefallen", berichtet Barbara Saatmann mir. Sie nahm die Herausforderung an, sich mit knapp 50 Jahren noch einmal neu zu orientieren und dem neu entstandenen Kinderhospiz sozusagen auf die Füße zu helfen. „Die Zeit vergeht so schnell. Seit der Eröffnung am 23.07.2004 steckt jeder Tag voller neuer Erlebnisse und Erfahrungen", erzählt sie glücklich. „Es ist ein Haus voller Leben."

Johannes und Oliver

Für die Kinder und Jugendlichen in Kinderhospizen sind unzählige Spielwaren nicht unbedingt von Nöten. Eine Kuscheldecke oder ein Einschlafteddy sind kleine Dinge, die den Kindern eine Freude machen können. Aber es sind auch Herzenswünsche, die den Kindern erfüllt werden können. Wie den von Johannes: Johannes ist Patient im Kinderhospiz Regenbogenland in Düsseldorf. Er macht gern Urlaub im Hospiz, während seine Eltern sich etwas ausruhen und Kraft tanken für die Pflege und Betreuung von Johannes. Oliver Berger betreut den Jungen. Er erzählt mir: „Johannes ist mehrfach behindert. Geistig und körperlich, aber nicht seelisch." Oliver war im Rahmen seiner Hospizarbeit mit Johannes bei Horst, dem Geschäftsführer vom Spielzeugriesen TOYS ‚R' US in Hagen, und hat mit ihm zusammen eine Besichtigung durch das Geschäft und durch das große Spielzeuglager gemacht. Johannes kann nur sehr bedingt sprechen, aber seine Begeisterung äußert er in Form von Lauten, die sich anhören wie die Stimme eines heiseren Delphins. Johannes liebt Rummel.

Oliver hat Johannes eine große Überraschung bereitet. Er darf die Feuerwache Gerresheim besuchen. Nach einer kurzen Fahrt im Kinderrettungswagen ‚Little Benjamin' vom Kinderhospiz Regenbogenland in Düsseldorf zur Feuerwache Gerresheim werden Oliver und Johannes von einem netten Feuerwehrmann namens Mario auf dem Hof der Feuerwache herzlich begrüßt. Johannes staunt nicht schlecht, als er das erste große Feuerwehrauto in der Garage vom Hof aus sieht. Mario schlägt Oliver und Johannes vor, Johannes zuerst den großen Löschwagen zu erklären. Da gibt es für Oliver und die beiden Kinderkrankenschwestern des Kinderhospiz-Regenbogenland – Rebekka und Nina – und vor allem für Johannes Interessantes zu sehen. Mario schlägt vor, Johannes auf den Fahrersitz des Löschwagens zu setzen. Johannes wird ganz unruhig und gibt seine laut vernehmbaren Töne der Freude von sich. Jetzt fehlt nur noch der Feuerwehrhelm und der Feuerwehrwagen könnte eigentlich losfahren in den Einsatz mit Johannes am Lenkrad. Nur unter Protest räumt der kleine Feuerwehrmann den Fahrersitz wieder, um im hinteren Mannschaftsraum Platz nehmen zu können. Johannes, Oliver und Mario entdecken hinten an der Wand Funkgeräte in Ladehaltungen. Sogleich will Johannes mit der Leitstelle der Feuerwehr Düsseldorf Kontakt aufnehmen. Nach dieser Aktion führt uns Mario vor, wie schnell ein Feuerwehrmann seine Hose und seine Stiefel anziehen kann. Das macht Johannes große Freude, denn eine Hose über eine Hose zu ziehen, ist schon etwas Seltsames.

Nun folgt Höhepunkt auf Höhepunkt. Eine kurze Absprache mit dem wachhabenden Dienstleiter, und Johannes befindet sich, schnell wie es bei der Feuerwehr zugehen muss, auf Olivers Arm. Diesmal sitzt er auf dem Beifahrersitz des Löschwagens. Das automatische Hallentor geht auf und die zuvor besprochene, aber überraschende Einsatzfahrt mit Sondersignal und Blaulicht startet. Kurz über die Strasse und in die nächste Einfahrt rein in den Feuerwehrhof, eine Runde auf dem hinteren Hof gedreht und schon fährt der Feuerwehrwagen unter großem Gejaule von Johannes, welches lauter sein kann als die Sirene der Feuerwehr, in die Halle.

Jetzt steht noch die Besichtigung eines Rettungswagens an. Plötzlich ertönt der Gong in der Fahrzeughalle. Schade, Mario hatte Johannes gerade auf eine Stollwerktrage gesetzt, da kommt der nächste Einsatz für seinen Rettungswagen. Schnell kommt die Besatzung zum Fahrzeug, in der gerade Johannes dabei ist, die Trage auszuprobieren und schon fährt der Rettungswagen mit lautem Martinshorn vom Hof. Was für eine Aufregung! Johannes, Oliver und sein Team bekommen eine Menge geboten. Und das ist noch nicht alles. Nach einem informativen Gespräch mit den beiden begleitenden Kinderkrankenschwestern rückt Mario mit der großen Überraschung für Johannes heraus. Die Drehleitern der Feuerwehr Düsseldorf üben heute in der Gerresheimer Glashütte. Johannes wird als Ehrengast der Übung von der diensthabenden Feuerwehrmannschaft eingeladen, mittels einer Drehleiter in die Höhe gefahren zu werden.

Selbst der einsetzende Regen kann dem Team und der Drehleiterbesatzung den Spaß an der folgenden Aktion nicht nehmen. Kurzerhand steigt Oliver zu Mario in den Korb der Drehleiter und nimmt Johannes mit sich. Nach einer Runde um das Drehleiterfahrzeug steuert Mario den Korb wieder Richtung Boden. Beim Abschied übergeben Oliver und Johannes Mario eine Kuscheldecke als Andenken und als Dankeschön für dieses unvergessliche Erlebnis.

Wenn eine Welt still steht –
das Kinderhospiz Sternenbrücke

Als unsere Tochter Louise starb, glaubte ich, die Erde müsste aufhören sich zu drehen, die Menschen müssten stehen bleiben, die Autos müssten aufhören zu fahren, die Vögel müssten aufhören zu singen, der Wind dürfte nicht mehr wehen. Die Welt sollte stehen bleiben. Aber sie stand nicht still. Alles um mich herum ging weiter. Es war nicht die Welt, die stillstand, es war eine besondere Welt, die stillstand. Eine Welt, die wir durchlebten, eine Welt, in der wir lebten. Unsere Tochter starb plötzlich und für uns unerwartet. Natürlich hätten wir während drei Leukämieausbrüchen innerhalb von fast vier Jahren damit rechnen müssen. Vielleicht hätten wir uns auch innerlich darauf einstellen können, dass es irgendwann passieren könnte. Es war schmerzlich als es passierte. Wir konnten uns nicht darauf vorbereiten und für uns war es gut so, nicht zu wissen, wann. Wir wussten ja nicht einmal, dass es passierte.

Wie muss es Eltern ergehen, die erfahren, dass ihr Kind unheilbar krank ist, dass es bald sterben wird? Um dieses Gefühlschaos nicht allein durchstehen zu müssen, nicht allein zu sein mit ihrem Schicksal, leisten Kinderhospizmitarbeiter aufopfernde Hilfe für die Betroffenen. „Wir können für Ihr Kind nichts mehr tun ...!" Diesen Satz hören betroffene Kinder und Jugendliche, ihre Eltern und Angehörigen über 4.000 Mal im Jahr in Deutschland. Kinder sterben an tödlichen Krankheiten. Sie leiden beispielsweise an Stoffwechselkrankheiten, Tumorerkrankungen, Blutkrebs, Muskelerkrankungen, neurodegenerativen Erkrankungen, HIV-Infektionen, Hauterkrankungen oder hatten einen Unfall.

Das Kinderhospiz Sternenbrücke hat im Jahr 2003 in einem Vorort von Hamburg seinen Anker geworfen. Rissen heißt der Ort. Das sehr große Haus ist umgeben von purer Natur, gelegen inmitten eines herrlichen Waldgebietes. Ute Nerge ist gelernte Kinderkrankenschwester und leitet das Kinderhospiz Sternenbrücke in Hamburg. Sie hatte 1999 die Idee, ein Kinderhospiz ins Leben zu rufen. Bei meinem Besuch im Kinderhospiz Sternenbrücke erzählt Frau Nerge mir von den Anfängen: „Ich hatte im Zusammenhang mit der Pflege von vielen unheilbar kranken Kindern vom ersten Kinderhospiz in Deutschland, dem Kinderhospiz Balthasar in Olpe, gehört. Zusammen mit anderen fachkompetenten Menschen, die ich in den Jahren der Pflege schwerstkranker Kinder kennen gelernt habe, habe ich dann im November 1999 den Förderverein Kinderhospiz Sternenbrücke e.V. gegründet."

Während unseres Gespräches versorgt uns Petra Dürkoop mit Getränken. Frau Dürkoop war von Anfang an dabei. Sie arbeitet ehrenamtlich für das Haus, und das in vielen Bereichen. Ganz besonders am Empfang und in der Öffentlichkeit ist sie sehr engagiert. Frau Dürkoop bemerkt: „Ich erinnere mich noch ganz genau. Der Förderverein war gegründet und hatte ein kleines Büro am Rödingsmarkt angemietet. Wir saßen mal zu dritt, mal zu viert, an einem kleinen Tisch und trafen Vorbereitungen für Informationssendungen oder Veranstaltungen. Wir erledigten unsere ersten Arbeiten, aber ich konnte mir noch gar nicht so recht vorstellen, für welche Sache wir dies taten. Im Mai 2001 mietete dann der Förderverein das an einen Gutshof erinnernde Haus hier am Sandmoorweg an. Wir zogen mit unserem Förderverein-Büro in das Haus ein. Es waren nur provisorische Räume dafür vorgesehen, da das gesamte Haus, das einmal das Kinderhospiz werden sollte, umgebaut werden musste. Im September 2002 begannen die umfangreichen Sanierungs- und Umbauarbeiten des Hauses.

Wir mussten wieder umziehen mit unserem Förderverein-Büro in einen Container auf dem Parkplatz vor dem Haus. Das war zeitweise ganz schön kalt in den Räumlichkeiten. Im April 2003 konnten wir Ehrenamtlichen und die haupt-amtlichen Mitarbeiter dann endlich in die neuen Verwal-tungsräume in das große Haus einziehen."

Seit Februar 2001 gibt es die Stiftung Kinder-Hospiz Sternenbrücke, die im November 2003 das Haus gekauft hat, nachdem das Objekt über zwei Jahre gemietet war. Die Stiftung ist gemeinnützig und mildtätig anerkannt und Träger des Kinderhospiz-Sternenbrücke. Förderverein und Stiftung sind Mitglied im Diakonischen Werk Hamburg, der Landesarbeitsgemeinschaft Hospiz e. V. (LAG) und dem Bundesverband Kinderhospiz e. V.

An einem Tag der offenen Tür habe ich die Möglichkeit, mir das Haus mit den großen Räumlichkeiten anzusehen. „Das Haus hat auf zwei Stockwerken eine Nutzfläche von rund 1600 Quadratmetern. Es ist behindertengerecht umgebaut und verfügt über einen Aufzug", informiert mich Frau Nerge. Wie selbstverständlich dürfen sich viele Besucher am Tag der offenen Tür im gesamten Hospiz umschauen. Die Einrichtung ist warm gestaltet. Alle Räume sind in hellgelber Farbe gestrichen. Mich erinnert die Aufmachung an unsere Hebammenpraxis im Nachbardorf, in der Kinder geboren werden. Ich habe das Gefühl, dass hier ein Neuanfang stattfindet. In einem der farbenfroh gestalteten Kinderzimmer steht ein Bett. Es liegt heute kein Kind darin, aber eine kleine Puppe liegt auf dem Kopfkissen. Sie ist zugedeckt mit der Bettdecke. Nur der Kopf schaut heraus. Das Zimmer ist gelb gestrichen, hat orangefarbene Vorhänge, große weiße Fenster mit Sprossen. Die Möbel sind aus hellem Holz. Es gibt einen Tisch, ein Bett, bequeme blaue Sessel, einen Wickeltisch. Der Fußboden ist aus warmem Holzbelag.

Alle Zimmer sind mit Fernseher und Videorekorder oder DVD ausgestattet. Jedes erkrankte Kind hat hier ein eigenes Zimmer, in dem ein Angehöriger, wenn es gewünscht wird, nachts auch mit schlafen kann. Für jedes Elternpaar steht dennoch separat im ersten Stock des Hauses ein eigenes Zimmer zur Verfügung. Dort kann es sich zurückziehen und zur Ruhe kommen. Hier hat man sein Zuhause im Hospiz. Einige Patientenzimmer haben sogar eine Wendeltreppe, die zum Obergeschoss führt. Dort im Obergeschoss befindet sich dann das Eltern- oder Angehörigenzimmer. Patientenkinder und Angehörige sind so jederzeit nah beieinander.

Frau Nerge erklärt mir: „Das Hospiz strebt eine ambulante Betreuung in der vertrauten Umgebung in der Familie des Kindes an. Dieses ist überwiegend aus familiären, häuslichen sowie medizinischen Gründen zu Hause nicht immer möglich. Unser Kinderhospiz kann zur Entlastung der Eltern und Geschwister neben zwölf schwerstkranken Kindern auch eine Kurzzeit- und Langzeitpflege anbieten, wobei die ganze Familie im Kinderhospiz mitaufgenommen und mitbegleitet werden kann."

Das Haus bietet drei Einzelzimmer für größere Geschwister der erkrankten Kinder. Es gibt ein Kaminzimmer, welches mich an einen gemütlichen Gästeraum auf einem englischen Landsitz bei einem meiner Urlaube in England oder Irland erinnert. Dunkles Holz, großkarierte Sessel mit Armlehnen und bequeme Hocker für die Füße, Bücher über Bücher in Regalen an der Wand und sogar ein Klavier gibt es. Hier können lauschige Abende am Kamin stattfinden bei geöffneten Terrassentüren. Es gibt einen Aufenthaltsraum für Geschwister mit Tischfußballspiel, Billard, Computern mit Internetanschluss – ein kleines Internet-Cafe -, Speiseräume und eine Elternküche. Kranke Kinder, die bettlägerig sind, haben immer die Möglichkeit, ihre Eltern in sämtliche Räume zu begleiten, da alle Gemeinschaftsräume so groß sind, dass Betten oder Rollstühle immer ausreichend Platz haben. So sind die betroffenen Kinder nie allein oder isoliert in ihren Zimmern.

Frau Nerge schildert mir den ungefähren Tageslablauf im Kinderhospiz Sternenbrücke: „Er beginnt mit der morgendlichen Grund- und Behandlungspflege der Kinder zu dem Zeitpunkt, wenn die Kinder aufwachen. Wir legen sehr viel Wert darauf, dass die Kinder nicht geweckt werden. Die Grund- und Behandlungspflege beginnt erst dann, wenn die Kinder ausgeschlafen und erholt von der Nacht sind. Das Frühstück und alle anderen Mahlzeiten können im Kinderhospiz gemeinsam eingenommen werden, damit die Kinder nicht isoliert auf ihren Zimmern liegen. Es werden bei uns grundsätzlich alle Familien von unseren ‚Küchenfeen' versorgt. Die Eltern haben aber zusätzlich die Möglichkeit, in einer für die Eltern eingerichteten Küche ihre Lieblingsmahlzeiten selbst zuzubereiten. Auch unsere Rollstuhlfahrer oder Kinder, die im Bett liegen müssen, werden liebevoll von unseren ‚Küchenfeen' versorgt. Nach dem

morgendlichen Frühstück gibt es unterschiedliche therapeutische Angebote, wie beispielsweise Krankengymnastik
oder die Zeit für gemeinsame Aktivitäten mit den Eltern,
Geschwisterkindern oder Mitarbeitern und Mitarbeiterinnen des Kinderhospizes. Für die Eltern gibt es die Möglichkeit, in der separaten Elternküche den Kindern ihre Lieblingsmahlzeiten zuzubereiten. Sie müssen es aber nicht. Sie
erhalten Hilfe oder ihnen wird das Zubereiten der Mahlzeiten vom Pflegepersonal oder den Mitarbeitern in der Küche
abgenommen. Eltern und Geschwisterkinder können mit
dem erkrankten Kind oder auch allein an Aktivitäten in
und um Hamburg herum teilnehmen. Der Tag endet im
Kinderhospiz Sternenbrücke so individuell, wie er begonnen hat. Die Eltern der Kinder haben die Möglichkeit, die
Abende im Kaminzimmer zu verbringen oder aber individuell den kulturellen Ereignissen in Hamburg beizuwoh-
nen. Die Versorgung der Kinder ist durch Pflegefachkräfte
rund um die Uhr gesichert."

Das Haus bietet weiterhin einen Snoezelenraum. Es ist
ein Sinnes- und Fühlraum, der zum Wohlfühlen beitragen
soll. Im Snoezelenraum gibt es ein großes Wasserbett, sanf-
tes Licht, Wärme, leise Musik und bunt-rieselnde Wasser-
säulen. Weitere Therapiemöglichkeit bestehet durch ein
Therapiebad, in dem Eltern und Geschwisterkinder bei 33
Grad Wassertemperatur und 34 Grad Raumtemperatur einen körperlichen Kontakt zu ihren Schützlingen herstellen
können. Die Mehrzahl der erkrankten Kinder sitzt überwiegend in einem Rollstuhl. Dadurch ist körperliche Nähe zu
den Angehörigen nicht immer möglich. Das Therapiebad
hilft den Eltern und Geschwisterkindern, in engem Kontakt
mit dem betroffenen Kind sein zu können. Dabei können
die kranken Kinder auf dem Arm gehalten werden, da sie
durch das Wasser sehr leicht sind. Die Kinder selbst erfahren durch das warme Wasser eine Entlastung ihrer Schmer-
zen und Verspannungen werden gelöst. Viele der schwerst-

kranken Kinder können nur mit sehr viel Kraftanstrengung geduscht werden. Auch das Duschen ist bei Kindern mit Lähmungserscheinungen ist fast unmöglich. Ein Wannenbad ist daher die einzige Alternative für eine umfassende Körperpflege. Das Therapiebad ist deshalb mit einer Hubbadewanne ausgestattet.

Kinder in der Lebensendphase leiden neben Angst, Unruhe, Verdauungsstörungen, Müdigkeit und Schlafstörung vor allen Dingen an Schmerzen, die ihre Lebensqualität aufs äußerste beeinträchtigen. Für ein würdiges Sterben ist eine weitgehende Schmerzlinderung von besonders großer Bedeutung. Ziel im Kinderhospiz Sternenbrücke ist es, dem Kind in seiner verbleibenden Zeit eine möglichst hohe Lebensqualität zu ermöglichen. Man spricht in diesem Therapieansatz von der Palliativmedizin. Pallium kommt aus dem Lateinischen und bedeutet „Mantel". Der Patient wird umhüllt, geborgen, geschützt. Palliativmedizin wird auch die Medizin der Linderung genannt. Sie tritt ein, wenn eine Heilung nicht mehr möglich ist. Das Wohlbefinden des Patienten steht absolut im Vordergrund. Die Krankheit zu heilen ist in diesem Fall untergeordnet. Es soll eine möglichst hohe Mobilität und Lebenszufriedenheit des Patienten erhalten werden. Im Kinderhospiz Sternenbrücke wird durch einen Arzt im Bereich dieser Schmerztherapie eine optimale ärztliche Begleitung durchgeführt. Voraussetzung für diese optimale Schmerztherapie ist eine ausreichende Schmerzerfassung und Dokumentation. Dafür wird regelmäßig ein Messverfahren durch die Schwestern und Pfleger durchgeführt.

Die Schmerzwerte und auch die Körpertemperatur werden in die Pflegedokumentationskurve eingetragen. Ziel dabei ist es, langanhaltende Schmerzen innerhalb eines Tages so zu lindern, dass sie anhaltend erträglich werden oder ganz abklingen. Der Schmerztherapeut wird bei einer festgelegten, klinisch bedeutsamen Schmerzschwelle verständigt, damit er eine wirksame schmerzlindernde Maßnahme oder Medikation veranlasst.

Seit Herbst 2005 bietet die Stiftung Kinderhospiz Sternenbrücke eine Pädiatrische-Palliativ-Care-Weiterbildung für Kinderärzte, Kinderkrankenschwestern und psychosoziale Fachkräfte an. Es ist ein wichtiger Weg zur Verbesserung der begleitenden Versorgung von unheilbar erkrankten Kindern und Jugendlichen während der letzten Lebensphase.

Die Begleitung der Geschwisterkinder hat auch im Kinderhospiz Sternenbrücke einen sehr hohen Stellenwert. Gegenseitiges Verstehen, gemeinsames Tragen der Situation soll den Eltern und besonders den Geschwisterkindern innere Ruhe geben. In einem Spielzimmer mit einer großen Kuschelecke können auch Geschwisterkinder spielen. Ebenso wie die anderen Räume ist dieses Zimmer freundlich gestrichen in hell-gelber Farbe und beinhaltet ebenso Holzmöbel wie die Kinderzimmer. Bei meinem Rundgang durch das Haus beobachte ich die Reaktionen anderer Mitmenschen. „Es könnte alles so schön sein, wenn nicht so ein trauriger Hintergrund dahinter stecken würde!", bemerkt eine grauhaarige Seniorin, die mit feuchten Augen in das Spielzimmer schaut.

Bei meinem Rundgang treffe ich Marita, eine ehrenamtliche Helferin und Freundin von meiner verstorbenen Tochter Louise. Begeistert erzähle ich ihr von meinen Eindrücken. „Ganz besonders gefällt mir das Kaminzimmer. Wie urig!" Marita erzählt mir gleich: „Da habe ich einmal spät abends den Kindern eine Gute-Nacht-Geschichte vorgelesen. Wie Sherlock Holmes kam ich mir vor." Nun führt Marita mich weiter durch das Haus zum ‚Abschiedsraum'. Ich denke an die Ausstattung der Kapelle, in der meine Tochter Louise lag: ein kalter Raum, messingfarbene Leuchter, Kunstblumen in großen Trögen. Marita schiebt mich langsam durch die Tür. „Komm, wir gehen richtig hinein!", sagt sie. Es stehen schon einige Menschen in dem Raum. Ein heller Lichtstrahl leuchtet mir ins Gesicht. Dieser Raum könnte der Teil eines gemütlichen Wohnzimmers sein, wenn nicht dieses Bett dort stehen würde. Ein Bett, umgeben von einem Vorhang, auf dem ein wunderschöner Regenbogen, Sterne, Mond und Wolken zu sehen sind. Ein großes Bild mit einem Engel ist über dem Bett an die Wand gemalt. Das Bild ist rechts und links an der Wand umgeben von Kerzenleuchtern. Ich habe das Bedürfnis, das Bett zu berühren.

Der Abschiedsraum ist ein ganz besonderer Ort im Kinderhospiz Sternenbrücke. Die Familien können hier in Ruhe und bis zu fünf Tage von ihrem verstorbenen Kind Abschied nehmen. Der Abschiedsraum verfügt über einen separaten Eingang, sodass Angehörige den Raum jederzeit nach draußen verlassen oder ihn wieder betreten können, ohne mit dem Leben im Haus konfrontiert zu werden. Aus der breiten Fensterfront hat man einen weitläufigen und wunderschönen Blick in den Park. Marita zeigt mir noch den ‚Raum der Stille', der sich vor dem Abschiedsraum befindet. Wir sind schon hindurchgegangen auf dem Weg zum Abschiedsraum. Ich habe es gar nicht bemerkt. Marita erklärt mir: „Hier haben die Angehörigen die Möglichkeit, mit einem Trauerbegleiter oder Seelsorger eine Andacht zu halten, ein Gespräch zu führen oder ein Gebet zu sprechen." Zwei wunderschöne Bilder sind an der Wand befestigt. Gemalt mit Ölkreide von einer Mutter, die auch ein Kind verloren hat. Ein Schmetterling und Blumen sind darauf zu erkennen. Lebendige Motive.

Den kreativen Möglichkeiten der Gäste und Mitarbeiter der Sternenbrücke sind keine Grenzen gesetzt. So bietet die Sternenbrücke etwas Einmaliges an: lebendige Erinnerungen aus Stein. Das Angebot dieser einmaligen Steinwerkstatt wird reichlich angenommen. Durch einen engen Kontakt zwischen dem Bildhauer Andreas Boldt und Ute Nerge erlebt die Sternenbrücke wunderbare Momente. Der Bildhauer setzt Erinnerungen aus Stein in eine besondere Aktivität um. Die Familien werden miteinbezogen, ganz persönliche Erinnerungen ihres verstorbenen Kindes in Steinbildern aufleben zu lassen. Die Familien suchen nicht nur einen Stein und einen Schriftzug aus, sie werden aktiv an den Arbeiten für den ganz persönlichen Stein ihres Kindes beteiligt. Den Familien wird dabei näher gebracht, wie Steine bearbeitet werden, sie lernen, dass Steine nicht leblos und kalt sind, sondern dass Steine eine große Aussagekraft haben können. Sie werden angeleitet, wie Steine bearbeitet werden und bringen mit Hilfe des Bildhauers kleine Figuren, Tiere, Schriftzüge oder ähnliches in den Stein. Aus dieser Arbeit werden ‚Erinnerungssteine' – Erinnerungen aus Stein am Ende eines Lebensweges. Die Steinwerkstatt ist einmal pro Woche für die Familien der Sternenbrücke geöffnet. Sie ist ein zusätzliches, kreatives Angebot für betroffene Familien während ihres Aufenthaltes in der Sternenbrücke.

Das Kinderhospiz Sternenbrücke bietet im Rahmen der Trauerarbeit an, die Särge für die verstorbenen Kinder und Jugendlichen zu bemalen. Die Geschwisterkinder oder die Eltern malen die Särge selber an. Dabei führt diese Sargbemalung auf eine alte Tradition zurück, denn bereits die Ägypter und später die Menschen im Mittelalter gestalteten ihre Sarkophage äußerst prunkvoll oder einfach nur farbig. Den Geschwisterkindern hilft die dekorative Farbengestaltung bei der Trauerbewältigung. Die Malerei ist ein hilfreicher Trostspender. Die Kinder malen ganz nach ihren individuellen Wünschen oder ein auf das verstorbene Kind angepasstes Motiv: eine Sonnenblume, eine Lokomotive, eine Brücke zu den Sternen, einen Sternenhimmel, einen Engel. Sie können somit ihrer Phantasie freien Lauf lassen und ihrem Bruder oder ihrer Schwester etwas mitgeben für ‚ihr letztes Zuhause', wie manche Eltern es nennen.

Ich bin fürs erste ganz froh, dass ich wieder frische Luft schnappen kann. Ich muss diese Eindrücke doch erst einmal verdauen. Draußen kann ich nur einen geringen Teil des 40.000 Quadratmeter großen Parks überblicken, der das Kinderhospiz umgibt. Liebevoll haben ehrenamtliche Helferinnen aus der Abteilung Hauswirtschaft Blumenbeete bepflanzt. Gerade wird ein Gedenkgarten errichtet, in dem für jedes verstorbene Kind eine eigene Laterne leuchten wird. Am Tag der offenen Tür liegt über dem Park der Sternenbrücke eine Atmosphäre wie auf einem Kinderfest. Ein Kinderchor singt, die Terrassentüren des Kaminzimmers sind geöffnet und durch die offenen Türen erklingt Klaviermusik. Kuchen- und Kaffeebüfetts sind aufgebaut. Unter Pavillions auf Bänken sitzen Menschen, die sich von ihrem Rundgang durch das Hospiz ausruhen. Ich entdecke ein paar Kinder und schnappe einen Satz einer Frau auf, die die Mutter des kleinen Jungen sein muss, den sie auf dem Arm trägt: „Nächste Woche darfst du wieder hier übernachten!" Der Junge kann seinen Kopf nicht aufrecht halten, schlaff hängt er herunter. Am Nachbartisch beobachte ich ein Ehepaar, die den Jungen und seine Mutter anschauen. Dann höre ich, wie die Frau zu ihrem Mann sagt: „Ist das ein Leben für dieses Kind?" „Ja, das ist es", denke ich. Die Mutter schaut mich an und ich nicke ihr lächelnd und bestätigend zu.

Nebenan machen Pfadfinder ein Lagerfeuer, Mädchen mit Bauchläden laufen umher, in denen sich Lose befinden, die man kaufen kann. Ich erwerbe auch ein Los, der Rest von meinem kleinen Schein ist für das Hospiz. Gleich ein Gewinn, eine große Ernie-Wärmflasche. Die bringe ich meiner Tochter Loreen mit. Die nette ehrenamtliche Helferin gibt mir noch eine kleine blaue Gießkanne dazu. Wie nett. Da muss ich gleich noch einmal in meine Tasche langen und einen größeren Schein hervorholen. Viele Menschen spenden an diesem Tag für das Kinderhospiz Sternenbrücke.

Die gesetzlichen Rahmenbedingungen zur Finanzierung durch die Sozialversicherungsträger ist in Deutschland für Kinderhospize nicht eindeutig geregelt. Bis zu 80 % werden von den Krankenkassen getragen. Grundsätzlich sind Leistungsansprüche über die Pflegeversicherung der Krankenkassen nach vier Wochen innerhalb eines Kalenderjahres verbraucht.

Die stationären Kinderhospize können dann über die Leistungen Kurzzeitpflege und Verhinderungspflege mit den Pflegekassen abrechnen. Dann besteht über die Pflegekasse kein weiterer Anspruch mehr. Die Familien haben jedoch die Möglichkeit, wenn die Leistungen der Pflegekasse verbraucht sind, noch weitere Aufenthalte aus dem Topf der Jugendhilfe zu finanzieren. Diese Regelung muss dann aber im Vorfeld mit dem jeweiligen Kinderhospiz besprochen werden, da die zuständigen Sozialhilfeträger hier nicht einheitlich verfahren. Weitere Aufenthalte könnten dann auch aus Spendengeldern der Häuser finanziert werden. Ausnahme bildet die Lebensendphase eines Kindes. Hier gewähren die Häuser den Familien einen unbegrenzten Aufenthalt.

Meine Tochter Louise hatte im Alter von fünf Jahren ihren dritten Leukämieausbruch. Kurz bevor sie von ihrer Schwester Loreen das ersehnte Knochenmark gespendet bekommen sollte, starb Louise zu Hause in meinen Armen. Ich hatte mir immer gewünscht, dass es zu Hause passiert, wenn es einmal passieren sollte. Niemals wollte ich, dass sie in einer Klinik oder in einem Kinderhospiz sterben sollte. Ich hatte mir vorgestellt, dass wir unser eigenes schönes Zuhause mit unserem Kind verlassen würden und genau wussten, dass wir nie wieder gemeinsam an diesen Ort zurückkehren würden, an dem wir alle uns wohlfühlten. Als ich nun anfing, die Kinderhospizeinrichtungen zu besuchen, konnte ich mich davon überzeugen, dass auch diese Häuser für viele Familien ein Zuhause bedeuten.

Deine hellste Nacht – Sarah als Gast im Kinderhospiz Sternenbrücke

Sarah

Die Familie von Sarah ist dankbar über diese Möglichkeit des Sterbens in besonderer Umgebung. Sarah war mit meiner Tochter Louise zusammen in einer Kinderkrebsklinik. Als die Ärzte für Sarah nichts mehr tun konnten, entschloss sich die Familie für eine Vorbereitung auf Sarahs letzten Weg und einen würdevollen Abschied im Kinderhospiz Sternenbrücke in Hamburg. Sarah durchlebte mit ihrer Familie eine ganz besondere Zeit im Kinderhospiz. Sie starb an einem ganz besonderen Tag, am Heiligen Abend des Jahres 2004. Es war Sarahs hellste Nacht.

Sarah ist erst 17 Jahre jung, als sie erfährt, dass sie nur noch wenige Wochen zu leben hat. Sie hat Krebs. Unheilbar. Im Sommer 2003 stellten die Ärzte bei Sarah einen bösartigen Tumor an der Milz fest. „Sarah war eine Kämpfernatur", erzählt mir ihre Mutter Helga. „Sie hat dem Krebs ins Auge geblickt und gesagt: ‚Ich schaffe das!' Sie hat den Kampf aufgenommen." Sarah bekommt Chemotherapie und wird operiert. Sarahs Mutter berichtet mir, dass Sarah sich sehr veränderte. Sie war zuvor sehr materiell eingestellt. Nun war sie eine ganz andere Sarah geworden. All das, was ihr an Dingen oder Luxus wichtig war, verlor seine Bedeutung. Sarah ist hin- und hergerissen, mal lächelt sie, mal ist sie böse über den Feind Krebs. Doch Sarah erlebt einen Rückfall. Der Krebs breitet sich im ganzen Körper aus. Für Sarah ist keine Heilung möglich. Sarahs Mutter erzählt mir, dass Sarah zum Zeitpunkt des Rückfalls in einen jungen Mann verliebt war. Sarah lebt einige Wochen im Kinderhospiz Sternenbrücke in Hamburg. Sie geht ihren Weg. Anfangs hat sie Angst. Sie glaubt, sie geht dort hin und ist in zwei Wochen tot. Aber dann will sie leben, auch wenn es nur noch wenige Wochen sind. Ein Wannenbad, wann immer sie möchte oder eine warme Mahlzeit mitten in der Nacht. Sarah erlebt die letzten Wochen ganz bewusst. Sarahs Mutter besucht sie fast jeden Tag im Hospiz. Sarah hat zwei Geschwister, Ann-Katrin, dreizehn Jahre und Jan-Hendrik, neun Jahre. Auch ihre Geschwister besuchen Sarah im Hospiz. Weihnachten haben sie im Kinderhospiz gefeiert. Das hatten sie sich vorgenommen.

Marita Hoyer ist Angstellte in der Ambulanz einer Kinderkrebsklinik. Sie ist Mitte vierzig, verheiratet und Mutter von vier erwachsenen gesunden Kindern. Marita ist ehrenamtliche Helferin im Kinderhospiz Sternenbrücke in Hamburg. 25 hauptamtliche Mitarbeiter, viele ehrenamtliche Helfer, Praktikanten, Zivildienstleistende und auch Schwesternschülerinnen, die sich beispielsweise in der Ausbildung einer Klinik zur Krankenschwester befinden und in der Sternenbrücke zeitweise zum Einsatz kommen, kümmern sich liebevoll um die Kinder und Jugendlichen und um Sarah. Zwölf Kinder und Jugendliche können insgesamt auf der Station aufgenommen werden. Durch ihre Arbeit in der Kinderkrebsklinik kommt Marita in Berührung mit lebensbedrohlich erkrankten Kindern und auch mit Kindern, die keine Chance auf eine Heilung haben. Marita bekommt das Angebot, im Kinderhospiz Sternenbrücke an einem Trauerseminar teilzunehmen. Während des Trauerseminars bietet sich die Möglichkeit, an einer Fortbildung für ehrenamtliche Hospizarbeit teilzunehmen. Dies allerdings in einem Hospiz für Erwachsene, da zunächst die freien Stellen und freien Fortbildungsplätze für ehrenamtliche Helfer in einem Kinderhospiz eine lange Warteliste bieten. Marita absolviert ihre Fortbildung in einem Hospiz für Erwachsene, entscheidet sich dann aber, sich auf die Warteliste für Kinderhospize setzen zu lassen. Da Marita Sarah aus der Kinderklinik kennt, begleitet sie Sarah durch ihre Zeit im Kinderhospiz Sternenbrücke in Hamburg.

Sarah fährt mit ihrer Mutter und Marita für einen Tag ins Kinderhospiz, um es sich anzusehen. Auf der Autofahrt äußert Sarah mehrmals: „Angucken kann ich es mir ja mal, aber bleiben werde ich da nicht." Bereits eine halbe Stunde nach der Ankunft im Kinderhospiz und einer sehr netten Unterhaltung mit der Leiterin Frau Nerge steht für Sarah fest: „Hier bleibe ich."

Ungefähr eine Woche später zieht Sarah in die Sternenbrücke. Sarahs Mutter begrüßt es sehr, dass Marita sich auch um Sarah kümmert. Sie ist ihr eine sehr große Hilfe. Marita näht für Sarah einen Umhang für eine Halloween-Party. Sie führt mit Sarah Gespräche. Diese handeln über Gott und die Welt. Und das wirklich im wahrsten Sinne des Wortes. Sie reden auch darüber, wie man in den Himmel kommt. Marita ist gläubig und mit der Kirche und Gott sehr verbunden. Sie betet mit Sarah. An einigen Tagen unternehmen sie kleine Einkäufe. Die kurzen Fahrten im Auto sind anstrengend für Sarah. Gut ausgerüstet mit Spuckschalen und Tüchern übersteht Sarah diese Fahrten. Trotz starker Kreislaufprobleme bummeln die beiden in einem Perlengeschäft, weil Sarah so gerne funkelnde Perlenketten mit Marita bastelt. Und wenn Sarah übel wird, bekommt sie von den netten Verkäuferrinnen ein Glas Wasser. Sie ruht sich etwas aus. Dann geht es. Marita hat Sarah ein Buch geschenkt über eine Frau, die an Krebs erkrankt ist. Sarah ist zu schwach zum Lesen. Ihre Freunde kommen sie besuchen und lesen ihr aus dem Buch vor. Sarah nimmt sich ganz fest vor: „Das Buch möchte ich noch bis zum Ende schaffen." Und sie schafft es.

Zwei- bis dreimal in der Woche besucht Marita Sarah im Kinderhospiz. Oft schläft sie nur. Dann zündet Marita Kerzen an, macht leise Musik an. Sie sitzt an Sarahs Bett, hält und streichelt ihre Hand. Ganz liebevoll. Auch die Freunde von Sarah sitzen oft mit am Bett. Sie unterhalten sich leise mit Marita und Sarah scheint es zu genießen. Sie liegt im Bett mit geschlossenen Augen und sie wird ganz ruhig. Die entspannte Atmosphäre beruhigt sie. An Tagen, wo es Sarah besser geht, wagen sie sogar einen kleinen Ausflug auf einen Weihnachtsmarkt. Einige Male rufen Sarahs Mutter oder eine Mitarbeiterin aus dem Kinderhospiz Sternenbrücke bei Marita zu Hause an. „Sarah geht es sehr schlecht." Marita fährt dann hin. An einem späten Nachmittag verabschiedet sich Marita von Sarah. Es hat den Anschein, als wäre Sarah gar nicht mehr bei Bewusstsein, aber Sarah spürt den Abschied. Tränen kullern über ihre Wangen. Marita und ich telefonieren in dieser Zeit häufiger miteinander. Marita erzählt mir von Sarahs Befinden und ich sage zu Marita: „Ich habe das Gefühl, sie hält noch zwei Tage aus. Ich glaube, Sarah hält aus bis zum Heiligen Abend." Am zweiten Weihnachtstag ruft Marita mich an und erzählt mir, dass Sarah am 24. Dezember eingeschlafen ist. Ein ganz besonderer Tag.

Der junge Mann, in den Sarah sich verliebt hatte, besucht Sarah nach ihrem Tod im Abschiedsraum der Sternenbrücke und verabschiedet sich von ihr. Sarahs Mutter geht jeden Tag auf den Friedhof. Sie zündet viele Kerzen an, damit es nachts nicht so dunkel ist. Sarahs Stein ist aus Granit. Neben Sarahs Namen ist „Der kleine Prinz" eingemeißelt, den Sarah so sehr mochte.

Viele ehrenamtliche Helfer in Hospizeinrichtungen haben eigene Familien, oft einen Job, der sie viel Zeit kostet. Sie widmen sich dennoch mit absoluter Hingabe dieser schweren Aufgabe. Oft absolvieren sie in ihrer Freizeit Lehrgänge und Schulungen. Dabei haben sie auch die Möglichkeit, über eigene Erfahrungen mit Abschieden zu berichten. Sie besprechen Trauerwege und erfahren Motivation. Die Schulungen haben oft Themen, die mehr an ein Studium erinnern: ‚Wie Kinder den Tod verstehen', ‚Häusliche Krankenpflege', ‚Palliativmedizin'. Die Teilnehmenden erfahren Situationen aus Familien eines lebensbedrohlich erkrankten Kindes und sie begleiten ein lebensbedrohlich erkranktes Kind. Sie erfahren Berichte aus verschiedensten Bereichen, wie beispielsweise onkologische Patienten, HIV-Patienten, Stoffwechselerkrankungen, Schwerstbehinderungen. Sie werden in das Thema Bestattung eingeführt. Sie eignen sich Rituale an und werden auch in der Gestaltung einer Trauerfeier und einer Bestattung Fachmann/Fachfrau. Sie erfahren die Regeln des Bestattungsgesetzes. Ohne diese ehrenamtlichen Helferinnen und Helfer würde die Hospizarbeit nicht gelingen können.

In der Höhle des Löwen mit Herz – das Kinderhospiz Löwenherz

Es ist Weihnachtszeit, als ich das Kinderhospiz Löwenherz in Syke zwischen Bremen und Hannover besuchen darf. Schon von weitem, als ich mit dem Auto die lange Straße zum Kinderhospiz entlang fahre, sehe ich einen hellen Stern leuchten. Es ist der Eingang zum Kinderhospiz. Schneeflocken fallen vom Himmel und es kommt mir fast märchenhaft vor.

Das Kinderhospiz Löwenherz liegt am Rande der Stadt Syke, rund 20 Kilometer südlich von Bremen, auf einem 5.000 Quadratmeter großem Grundstück. Syke ist eine attraktive Kleinstadt – im Sommer umgeben mit viel Grünem. Ein typisch ländliches Umfeld prägt diese Region. Syke bietet viele Freizeitmöglichkeiten. Bremen ist mit dem Zug in gut 20 Minuten erreichbar und bietet den Familien, die sich im Kinderhospiz aufhalten, viele nahegelegene Ausflugsmöglichkeiten. Die Kinderkliniken in der Hansestadt können bei Bedarf in Anspruch genommen werden.

Das Kinderhospiz Löwenherz in Syke strebt an, dass die Kinder möglichst im eigenen Haus sterben können. Um die Entlastung von Familien an ihrem Wohnort sicherzustellen, vermittelt eine Mitarbeiterin, eine sogenannte ‚Casemanagerin', Kontakte zu ambulanten Kinderkrankenpflegediensten, Sozialstationen und anderen Unterstützungssystemen. Die Eltern erhalten Beratung, Mitarbeiter vermitteln Hilfsangebote am Wohnort. Die Familie soll so gestärkt werden. Auch die Begleitung bis zum Lebensende ist vorgesehen. Es ist die Begleitung eines Lebens bis zum letzten Atemzug. Das Kind kann aber auch im Kinderhospiz Löwenherz seine letzten Tage verbringen, wenn es daheim nicht möglich ist.

Daheim müssen die Eltern ständig verfügbar sein, häufig auch nachts. Es ist immer ungewiss, wie lange das betroffene Kind noch leben wird. Das zerrt ganz besonders an den Kräften der Eltern und Angehörigen. Gerade deshalb wird die ganze Familie im Kinderhospiz mit aufgenommen. Vor allem in der Zeit des Abschieds kann eine Begleitung durch das Hospiz-Team den Familien helfen, das Sterben ihres Kindes bewusst, liebe- und würdevoll zu erfahren. Die Angehörigen werden durch eine Trauerbegleitung beim Abschied unterstützt.

Das Kinderhospiz Löwenherz erfüllt alle Anforderungen an eine qualifizierte Pflege. Das gesamte multiprofessionelle Team des Kinderhospizes besteht aus einer erfahrenen Pflegedienstleitung, erfahrenen Kinderkrankenschwestern, erfahrenen Kinderkrankenpflegern, Pädagogen, Pädagoginnen, einer Verwaltungsmitarbeiterin, einem Seelsorger, Zivildienstleistenden und Praktikanten, hauswirtschaftlichen Mitarbeiterinnen und unverzichtbaren ehrenamtlichen Mitarbeiterinnen. Für das gesamte Team werden regelmäßig Fortbildungsmaßnahmen und Supervisionen angeboten. Hinzu kommen Kinderärztinnen, die vor Ort ansässig sind und mit dem Kinderhospiz zusammenarbeiten. Sie besuchen die kleinen Patienten im Haus und übernehmen auch die Schmerztherapie. Ebenso arbeiten Krankengymnastinnen mit den Kindern zusammen, um die vorhandenen Fähigkeiten zu erhalten und Verschlechterungen der Mobilität zu verhindern. Eine psychologische Fachkraft arbeitet ebenfalls mit dem Kinderhospiz zusammen. Das Kinderhospiz Löwenherz hat seit der Eröffnung im Jahr 2003 acht stationäre Plätze für schwerstkranke Kinder sowie deren Eltern und Geschwister geschaffen. Am 20. September 2003 wurde das Kinderhospiz Löwenherz in Syke eingeweiht. Bis zu 150 Familien können hier jährlich zu Gast sein. Aufgenommen werden Kinder mit tödlich verlaufenden Krankheiten, bei denen eine Heilung nach dem heutigen Stand der Medizin ausgeschlossen ist. Kinder und Jugendliche mit einer begrenzten Lebenserwartung zwischen dem Säuglingsalter und dem 18. Lebensjahr können in diesem Hospiz aufgenommen werden.

Das Kinderhospiz ist eine Herberge mit Familienanschluss. Es hat eine ganz besonders heimelige Atmosphäre. Den Familien bietet sich die Möglichkeit, sich zurückzuziehen und für sich Ruhe zu genießen, aber auch einen gemeinschaftlichen harmonischen Zusammenhalt zu erfahren. Damit Geschwisterkinder sich ebenso von ihrer Situation erholen können, gibt es für sie eine besondere pädagogische Begleitung, die ihnen hilft, ihre Situation zu bewältigen. Sie können im Laufe ihrer Krankheit für eine begrenzte Zeit – zwei bis vier Wochen – aufgenommen werden, bei Bedarf auch mehrmals. Professionelle Pflege ist rund um die Uhr verfügbar. Das Team arbeitet eng mit den Eltern zusammen, denn die Eltern sind die Fachleute ihres Kindes – das ist ein wichtiger Grundsatz im Kinderhospiz. In der täglichen Pflege werden die individuellen Bedürfnisse der Kinder berücksichtigt. Nur wenn die Eltern Vertrauen zu den Mitarbeiterinnen und Mitarbeitern haben, können sie ihr Kind ein Stückchen in die Obhut anderer Menschen abgeben. Die Eltern können die Versorgung ganz oder teilweise an die Mitarbeiter des Hospizes abgeben.

Das Kinderhospiz Löwenherz ist in seiner Gestaltung sehr freundlich, hell und vermittelt eine Atmosphäre des Wohlfühlens. Der Garten draußen ist kindgerecht gestaltet mit Büschen, Bäumen, Feuerstelle und Matschkuhle. Bald wird es auch ein Gartenhaus geben. Der Garten lädt auch die Geschwisterkinder zum Toben und Spielen ein. Im Eingangsbereich werde ich überwältigt von einem an der Decke hängenden Schmetterlingsschwarm. Für jedes Patientenkind – von den Löwenherzmitarbeitern liebevoll ,Löwenherzkind' genannt – wird ein Schmetterling gebastelt. Die Kinder basteln ihre Schmetterlinge auch selbst, soweit dies möglich ist. Die Schmetterlinge werden an der Decke im Eingangsbereich aufgehängt. Wenn ein Kind verstorben ist, wird der Schmetterling von der Decke genommen und an einem Erinnerungstisch aufgehängt. Der Erinnerungstisch ist ein an der Wand befestigtes Bord. Auf dem Bord steht eine Kerze, die angezündet wird, wenn ein Kind verstorben ist. Daneben liegt, vom Kerzenschein umgeben, ein Gedenkbuch, in dem jeder Angehörige eine Notiz eintragen kann. Im Abschiedsritual, mit dem die Mitarbeiter im Kinderhospiz das Kind verabschieden, wird der Schmetterling von den Eltern oder der Bezugsperson an einem Luftballon in den Himmel gelassen. Der Schmetterling stellt die Veränderung dar und die Seele. Es sind kleine, ganz wichtige Rituale, die zum Abschied nehmen dazugehören. Die Eltern werden gebeten, möglichst zusammen mit den Geschwisterkindern einen Stein für einen Erinnerungsgarten im Löwenherz herzustellen. Dieser soll an das Kind erinnern und auch die Schwere des Abschieds symbolisieren.

Für jedes Kind steht ein eigenes Zimmer, ein sogenanntes Kinderpflegezimmer, zur Verfügung, in dem Spielzeug und persönliche Gegenstände Platz haben. Ein Kinderpflegezimmer ist jeweils aus der „Farbpalette" eines Regenbogens gestrichen. Für Eltern und die Geschwister gibt es einen eigenen Familienbereich, in den sie sich zurückziehen können. In einem großen Aufenthaltsraum verbreitet ein großer Kachelofen eine warme, behagliche Atmosphäre. Der Aufenthaltsraum wird Oase genannt, wobei das gesamte Haus auf mich wie eine Oase wirkt. Selbst der Abschiedsbereich ist warm und herzlich gestaltet: in hellblau gestrichen, Glasmalerei in Form von Sonnenstrahlen zieren die Fenster, die das Aufbahrungsbett umgeben. Über dem Bett hängt ein Bild. Es stellt den Mittelteil, den Kern der Sonne dar, in dem ein Engel steht.

Während meines Besuches führt Gaby Letzing mich durch das Haus. Frau Letzing ist die Initiatorin und Ideengeberin des gesamten Projektes und leitet das Kinderhospiz Löwenherz. Ihre Idee stammt aus ihrer praktischen Arbeit in einem ambulanten Kinderkrankenpflegedienst in Sulingen. „Wir erlebten dort täglich mit unserem gesamten Pflegeteam, wie überlastet Eltern und Geschwister der kranken Kinder sind", erzählt Frau Letzing. Den Familien geht es sehr gut im Kinderhospiz Löwenherz. Jeder einzelne Teamzugehörige ist ein Löwenherz und hat ein Löwenherz. Auf meine Nachfrage, woher der Name ‚Löwenherz' stammt, erklärt mir Gaby Letzing: „Wir erleben die Eltern oft als löwenstark, wenn es um die Interessen ihrer Kinder geht. Sie sind mit der Liebe zu ihrem Kind verbunden. Dieses beides liegt in dem Namen ‚Löwenherz'. Die Geschichte von Astrid Lindgren ‚Brüder Löwenherz' zeigt eine besondere Beziehung zweier Geschwister und gibt Hoffnung auf eine, wie auch immer geartete, andere Welt nach diesem Leben. Hier ist nicht alles zu Ende. Es ist ein sehr tröstlicher Gedanke für mich persönlich." Mut, Zuversicht und Stärke sind die tragenden Gedanken für den Namen Löwenherz. Die Stärke steckt in all diesen herzlichen Menschen, die das Hospiz umgeben. Und diese Stärke und Kraft, die in ihnen steckt, hilft, die schweren Zeiten zu überstehen.

Der Förderverein Kinderhospiz Löwenherz e. V. wurde im Mai 1998 gegründet. Das wichtigste Ziel des Vereins ist es, die Arbeit und den Betrieb des Kinderhospizes zu sichern. Zu den Aufgaben gehört es auch, das Thema Sterben von Kindern in der Öffentlichkeit bekannt zu ma-

Gaby Letzing

chen und betroffene Eltern und Geschwister zu unterstützen. Die Kosten für den Bau einschließlich Grundstück und Innenausstattung betrugen für das Löwenherz rund 2,29 Millionen Euro. Das Land Niedersachsen und der Bund haben das Kinderhospiz Löwenherz als Modellprojekt anerkannt und den Bau des Hauses mit einem Zuschuss gefördert. Ein großer Teil der Investitionskosten wurde von privaten Spendern, Firmensponsoren und Stiftungen finanziert. Die Aufnahme des kranken Kindes wird nur etwa zur Hälfte durch die Kranken- und Pflegekassen getragen. Die andere Hälfte der laufenden Kosten muss durch Spenden abgedeckt werden. Die Aufnahme der Familien, die pädagogische Begleitung der Geschwister und die Elternarbeit werden komplett durch Spenden finanziert. Die Diakonie Freistatt mit der Muttergesellschaft Bethel ist mit 26 Prozent an der Betriebsgesellschaft für das Kinderhospiz beteiligt, um die Arbeit langfristig zu sichern.

Kraft tanken – Melina Schmidt im Kinderhospiz Löwenherz

Für viele Familien ist ein Aufenthalt in einem Kinderhospiz ein Wagnis, ein Abenteuer, ein Stück Leben jenseits ihres bisherigen Tellerrandes. Viele Familien haben ihr häusliches Pflegeumfeld noch nie verlassen. Die Familien spüren irgendwann, dass neue Erfahrungen gelebt werden wollen, dass es irgendwann an der Zeit ist, neue Wege einzuschlagen. Und dann wagen sie den Schritt in dieses Abenteuer. Familie Schmidt besteht aus sechs Personen: Schwiegermutter Helga, 66 Jahre alt, Mann Holger, 43 Jahre alt, Frau Barbara, 35 Jahre alt, den Töchtern Vanessa, 14 Jahre alt, Jessica, 12 Jahre alt sowie Melina, 4 Jahre alt. Melina ist an einer seltenen Krankheit mit dem Namen Cytomegalie erkrankt.

Bei einer Cytomegalie bilden sich ‚Riesenzellen', auch Eulenaugenzellen genannt. Melina wurde mit dem Virus infiziert. Barbara weiß nicht, wo sie sich angesteckt haben könnte. „Dieses warum und wo? Diese Fragen stelle ich mir schon gar nicht mehr", erzählt mir Barbara. „Den Virus habe ich gleich im Anfang der Schwangerschaft bekommen, aber ich wusste es nicht. Erst nach der Geburt von Melina haben wir erfahren, was geschehen ist. Mir wurde von meinem Arzt immer versichert, dass mein Kind gesund ist." Dass etwas nicht stimmte, ahnte Barbara voraus. Während der Schwangerschaft hatte sie Alpträume und es ging ihr psychisch nicht gut. Nach der Diagnose stand die Familie unter einem schweren Schock. Barbara stürzte so schwer ab, dass sie in eine psychosomatische Klink eingewiesen werden musste. Ganze acht Wochen war sie weg. „Als ich wieder nach Hause kam, habe ich erst gesehen, wie krank unsere Tochter ist. Ich musste lernen, mit der Situation klar zu kommen. Ich musste mit meinen Ängsten und dem bevorstehenden Tod von Melina klar kommen."

Der erste Aufenthalt im Kinderhospiz Löwenherz war an einem Wochenende im Frühling. Barbara erzählt: „Es war schön, dass wir die einzige Familie waren. So konnten wir das ganze Haus richtig erkunden und genießen. Zu Ostern waren wir dann fünf Tage dort. Dieser Aufenthalt war anders als das Wochenende. Wir haben nette Eltern kennen gelernt, der Pastor hat einen Gottesdienst im Wald durchgeführt. Und wir hatten sehr gute Gespräche mit betroffenen Eltern. Unsere großen Kinder wurden betreut von den Sozialpädagogen aus dem Haus, während Melina ganz toll versorgt wurde. Mein Mann Holger und ich haben die Ruhe genossen. Wir mussten nachts nicht aufstehen. Und ich musste nicht um sieben Uhr morgens Melina mit Frühstück versorgen, kein Abendessen machen. Das war schon schön." Die Gespräche mit dem Pflegepersonal haben Barbara sehr geholfen, über den Tod zu sprechen, denn davor hatte sie Angst. „Ich, oder wir, wissen, dass wir Melina nur für eine bestimmte Zeit haben. Trotzdem beschäftigt mich das, denn wir hatten schon sehr oft Situationen, in denen Melina sehr weit weg war. Aber jetzt nach dem Aufenthalt im Kinderhospiz Löwenherz ist meine Angst nicht mehr so groß. Denn jetzt weiß ich, dass Melina sich den Weg selber sucht, wo und wie sie sterben möchte."

Im Sommer 2004 hat die Familie beschlossen, ohne Melina in den Urlaub zu fahren. Melina war zehn Tage alleine ohne die Familie im Kinderhospiz Löwenherz. Das war für Barbara eine ganz neue Situation, so ganz ohne ihre Tochter. Denn wenn etwas passieren und Melina sterben würde, wäre sie nicht da. Das war ihre größte Sorge. „Wir haben unseren Sonnenschein so sehr vermisst. Ich habe jeden Tag im Kinderhospiz angerufen, um zu fragen, wie es ihr geht. Doch ich konnte nach diesem Urlaub richtig durchatmen und ich spürte in mir wieder Kraft. Andere Leute, die nicht betroffen sind, wissen gar nicht, was Eltern von schwerst kranken Kindern leisten. Ob das psychisch ist oder körperlich", meint Barbara. Barbara spricht auch die Sache mit der Krankenkasse an. „Ich empfinde manches als unnötig belastend. Zum Beispiel die Krankenkassen, die den Hospizanteil nicht übernehmen wollen. Ihre Aussage ist, dass Eltern in Kinderhospize gehen, um sich zu erholen. Nur in Krisensituationen tragen sie einen Anteil bei. Die wissen gar nichts. Eltern mit einem schwerkranken oder todkranken Kind haben jeden Tag Krisensituationen. Wir hoffen, dass die Herrschaften ihre Meinung ändern." Familie Schmidt ist sehr froh, dass es Kinderhospize gibt.

„Ich hatte immer Angst, dass Melania stirbt, wenn ich nicht da bin. Im Kinderhospiz Löwenherz wurden mir die Ängste genommen. Ohne das Kinderhospiz hätten wir es nicht geschafft", sagt Barbara Schmidt abschließend.

Bewusst Abschied nehmen von Anne Feline

„Dass unsere Tochter Anne Feline ein Lebensalter von einem Jahr erreichen würde, damit hätte kurz nach ihrer Geburt niemand gerechnet. Und nun wird sie bald zwei Jahre alt", so berichtet Annette Behnken, die Mama von Anne Feline. Anne Feline leidet an einem schweren Asphyxiesyndrom.

Die Bezeichnung Asphyxie kommt aus dem Griechischen und bedeutet Pulslosigkeit. Dabei setzt vor, während oder nach der Geburt bei einem Neugeborenen ein Sauerstoffmangel mit Atemstörung und Kreislaufzusammenbruch ein. Die Asphyxie bei Neugeborenen kann zu schwerwiegenden Schäden an vielen Organen führen. Sie ist die Ursache für ein Fünftel aller Todesfälle bei Neugeborenen. Auch ist sie die Ursache für die meisten frühkindlichen Hirnschädigungen.

Anne Feline kann nicht schlucken. Das Atmen fällt ihr sehr schwer. Sie kann sich nicht willentlich bewegen und scheint nicht sehen und hören zu können. Wenn die Eltern von Anne Feline auf die Zeit seit Felines Geburt zurückschauen, sind sie oft erstaunt, wie sie das alles verkraftet haben. Und sie sind auch stolz auf das, was sie an organisatorischer Leistung und seelischer Kraft aufgebracht haben. „Einen ganz großen Teil trägt das Kinderhospiz Löwenherz dazu bei, weil es für uns eine Oase geworden ist, ein Ort zum Loslassen, Ausruhen und Krafttanken. Das Lebensgefühl mit einem körperlich und geistig schwerstbehinderten Kind kann so leicht in eine dunkle und depressive Stimmung kippen, weil trotz Unterstützung durch Krankenschwestern und Familie oft die Erschöpfung groß ist, weil oft fast keine Zeit für sich selbst und den Partner bleibt, weil der Blick in die Zukunft so oder so schwer fällt: Wie werde ich den Tod meines Kindes verkraften, wenn es so weit ist? Werde ich die aufreibende Pflege über lange Jahre leisten können?" Anne Felines Mama empfindet es als einen großen Segen, dass sie alle drei die Möglichkeit haben, sich im Laufe des Jahres immer wieder für eine Weile „tragen" zu lassen. Sie wissen, im Kinderhospiz Löwenherz ist Anne Feline in allerbesten, liebevollen und kompetenten Händen. Die Eltern werden entlastet von der alltäglichen Anspannung und bleiben trotzdem bei ihrem Kind. Sie können ausschlafen, das Frühstück wartet auf sie. Ein Luxus. So beschreibt es die Mutter von Anne Feline. Und wenn vor Entspannung auch mal wieder einige Tränen geweint werden wollen, fühlen sie sich unaufdringlich begleitet und verstanden.

So eine Kraftinsel ist unglaublich viel wert. Wenn die Eltern körperlich und seelisch immer mal wieder auftanken können, können sie ihr Kind auf eine Weise pflegen, die der Familie und dem Kind gut tut und mehr ist, als nur auszuhalten und sich auszupowern. „Wir haben mehr Kraft für den ganz speziellen Kontakt mit unserer Tochter und können die bereichernden Momente intensiver wahrnehmen und genießen. Wir werden unserer Tochter nicht ausschließlich als Pflegefall, sondern als ganz besonderem Menschen mit einem sehr eigenen Charakter gerecht, der uns viel abverlangt, viel lehrt und unser Leben in einer Weise bereichert, die wir uns vorher nicht hätten vorstellen können. Ohne das Kinderhospiz Löwenherz, das wirklich ein Ort voller Löwenherzigkeit, Sonne und Kraft ist, wäre es viel, viel schwieriger, das Schwere immer wieder ins Gute und Heilvolle zu wenden", betont Annette.

Wenige Monate später berichtet mir Annette Behnken: „Nun ist unsere Tochter gestorben." Der Abschied tut ihr unglaublich weh, neben aller Dankbarkeit, Mutter eines so wunderbaren Mädchens gewesen sein zu dürfen. Ganze zwei Jahre bewusstes Leben mit Anne Feline liegt hinter der Familie. Es bleibt die unendliche Dankbarkeit und die Erinnerungen an das geliebte Mädchen. Das Kinderhospiz Löwenherz ist für die ganze Familie ein wichtiger Ort gewesen, mit dem sie sich immer noch sehr verbunden fühlen. Annette Behnken ist von Beruf Pastorin. Passender kann es nicht sein.

Dominik – ein Sonnenschein in Syke

„Als ich das erste Mal im Netz auf die Seite vom Kinderhospiz Löwenherz gestoßen bin, suchte ich nach Möglichkeiten, wie man mit dem Thema Tod und Kind umgehen könnte. Es wurde ein Seminar ‚Sterbebegleitung bei Kindern' angeboten. Ich habe diese Seminar besucht, aus verschiedenen Gründen, und es hat mir sehr geholfen", berichtet Kerstin Schulz. Kerstin und Eckhardt Schulz sind die Pflegeeltern von Dominik. Sie haben drei leibliche Kinder im Alter von 13, 18 und 20 Jahren. Dominik ist fünf Jahre alt und kam durch eine besondere Gegebenheit in die Familie. „Er ist nach erlittenem Schütteltrauma mehrfach schwerstbehindert und lebt seit fünf Jahren bei uns", erzählt Kerstin. Dominik wurde damals auf die Neugeborenenstation eingeliefert, auf der Kerstin Schulz arbeitete. Vom ersten Moment an ließ Kerstin der kleine Junge keine Ruhe mehr. Sie spürte, dass diese Begegnung nicht zufällig war. Sie hatte das Gefühl, verbunden mit ihrem christlichen Glauben, jemand hätte an ihre Tür geklopft und ihr vermittelt: „Wollt ihr nicht die Familie für dieses Kind sein?". Sie beschlich das Gefühl, als könnte genau diese Aufgabe ihre Lebensaufgabe werden. Die Familie setzte sich zusammen und beratschlagte. Die Voraussetzungen waren stimmig. Auch Kerstins Beruf als Kinderkrankenschwester trug zur Entscheidung mit bei, Dominik als Pflegekind in die Familie aufzunehmen. Die gesamte Familie entschied sich für Dominik. Vom ersten Gedanken, Dominik als Pflegekind in die Familie aufzunehmen und dem ersten Kontakt zum Jugendamt vergingen nur wenige Wochen. Dominik ist ein Sonnenschein, er sprüht vor Lebensfreude. Dominik ist geistig behindert. Er kann nicht sprechen, nicht sitzen, nicht laufen, sich nicht drehen und er gilt als blind. Er hat ein nicht einstellbares Anfallsleiden und einen Hydrocephalus mit Shunt.

Bei einem Hydrocephalus erweitern sich die inneren und äußeren Gehirnwasserräume des Gehirns aufgrund einer Gehirnwasserzirkulationsstörung. Die Gehirnflüssigkeit kann nicht abfließen. Die Hirnkammern, die sich im Inneren des Gehirns befinden, sind untereinander verbunden. Die Hirnkammern werden als Ventrikel bezeichnet. In den Ventrikeln wird Hirnwasser gebildet, welches über die inneren Hirnwasserräume abfließt. Die inneren Hirnwasserräume sind mit den äußeren Hirnwasserräumen verbunden. Das in den Ventrikeln gebildete Hirnwasser wird in den äußeren Hirnwasserräumen resorbiert, also vom Körper wieder aufgenommen. Es findet ein Hirnwasserkreislauf statt. Die tägliche Menge an gebildetem Hirnwasser beträgt etwa

300 Milliliter. Bei einem Hydrocephalus kommt es zu einer Hirnwasserabflussbehinderung im Ventrikelsystem oder zu einem Ungleichgewicht zwischen Produktion und Resorption. Dann staut sich das Hirnwasser. Mit einem sogenannten Shunt kann ein Hydrocephalus operativ versorgt werden. Ein Shunt ist ein Schlauchsystem, das in den Körper und das Ventrikelsystem eingeführt wird. Das überschüssige Hirnwasser kann über ein Auslassventil in den Bauch abfließen. Dominik hat so einen Shunt.

Dominik war etwa ein halbes Jahr bei Familie Schulz, da bekam er plötzlich Hirndruck. Die Familie befand sich gerade im Urlaub. „Wir sind mit fliegenden Fahnen nach Hause gefahren", erinnert sich Kerstin Schulz. Es kam zu einem kurzen Aufenthalt im Heimatkrankenhaus und wenige Stunden später ging es mit Blaulicht nach Bremen in die Kinderklinik. Zu diesem Zeitpunkt war Dominik schon bewusstlos. „Mehrere Tage hat er mit dem Tod gerungen, aber er hat es geschafft", sagt Kerstin Schulz. Dieses Ereignis hat traumatische Spuren bei der ganzen Familie hinterlassen. Die Familie ist völlig unvorbereitet mit dem Tod konfrontiert worden. „Da war das Seminar eine große Hilfe für mich. Und auch die anderen Familienmitglieder profitierten davon. Ich freute mich auf den Bau des Kinderhospizes, so nah an unserem Wohnort Rothenburg an der Wümme in Niedersachsen. Und dann war doch alles anders, als ich Dominik für den Herbst 2003 anmeldete. Ich hatte das Gefühl: das ist der Anfang vom Ende. Durch Medikamentennebenwirkung hatte er alle Fähigkeiten, die er so mühsam erlernt hatte, verloren. Ich war der völligen Erschöpfung nahe, konnte nicht anders fühlen. Gleichzeitig war der geplante Aufenthalt der große Strohhalm. Ein Strohhalm, an den die Familie sich klammerte", erzählt Kerstin Schulz.

Am 14.10 2003 ging es Richtung Syke, nur Dominik und die Mama. Der Rest der Familie musste zu Hause bleiben. Dies fiel besonders dem eigenen jüngsten Sohn Jannik, damals zwölf Jahre, sehr schwer. Doch Mutter Kerstin sah sich nicht in der Lage, sich auch noch um ihn zu kümmern. Die Kraft reichte nur noch für Dominik und sie selbst. „Ich wollte ihn langsam an die neue Umgebung und die fremden Menschen gewöhnen. Denn wir hatten geplant, nach vier Tagen eine Woche ohne Dominik zu Freunden nach Süddeutschland fahren. Es kam alles anders. Eckhardt bekam den Urlaub nicht genehmigt und ich konnte mich, wie es viele andere Mütter auch, nicht oder nur sehr schwer von Dominik trennen. Ich war hin- und hergerissen, obwohl wir so liebevoll aufgenommen worden sind. Alle waren sehr bemüht und auch Dominik schien es im Hospiz zu gefallen. Wir haben uns dann kurzer Hand anders entschieden: Unser Sohn Jannik durfte mit ins Hospiz und wir verbrachten dort den größten Teil der Herbstferien gemeinsam mit Dominik. Für die Mitarbeiter war das kein Problem, sie haben sich auf die neue Situation eingestellt. Mit den Tagen wurde ich ruhiger, konnte den Kleinen bei den Schwestern lassen und mir Zeit für Jannik nehmen. Wir haben Ausflüge gemacht, waren bummeln und wann immer wir ins Hospiz zurückkamen, war für alles gesorgt. Im nachhinein habe ich mich erstaunlicherweise doch ein wenig erholt, und was mir noch viel wichtiger ist: Ich habe Vertrauen gefasst. Zum Jahreswechsel waren wir dann als Familie im Hospiz. Es war total klasse, ein wenig wie nach Hause kommen. Wir haben andere Familien kennen gelernt und hatten eine gute Zeit miteinander", erzählt Kerstin Schulz.

Leben, Lachen, Sterben und Trauern – das Kinderhospiz Balthasar

„Als ich zum ersten Mal von einem Kinderhospiz hörte, dachte ich nur: Schön, dass es so etwas gibt, aber wir brauchen das jetzt nicht. Rund anderthalb Jahre zuvor hatten wir für unseren fast fünfjährigen Sohn Christian die Diagnose ‚Metachromatische Leukodystrophie' erhalten, ein Gendefekt. Das bedeutete, mein Sohn, der sich bis zu seinem vierten Geburtstag prächtig entwickelt hatte, sollte alle Fähigkeiten verlieren. Er würde nicht mehr sprechen, laufen und essen können. Dann würde er blind und taub werden und schließlich noch als Kind sterben", berichtet Petra Kettler, Mutter von Christian. Mühsam müssen die Eltern und Angehörigen lernen, diese Wahrheit zu akzeptieren.

Christian bekam einige Monate später Krampfanfälle und da auch das Schlucken schwieriger wurde, erhielt er den größten Teil seiner Nahrung über eine Sonde. Zeitweise litt er an schmerzhaften Spastiken, die durch Medikamente gelindert wurden. Bald konnte er auch nicht mehr laufen und sprechen. Aber da ist nicht nur Christian. „Unser zweiter Sohn Tom, der bei Christians Diagnose vier Monate alt war, brauchte nun keine Windeln mehr, was bei Christian schon länger wieder notwendig war. Jetzt konnte Tom laufen und Christian nicht mehr. Der Alltag mit zwei Kindern, die so unterschiedliche Entwicklungen durchmachen, ist ganz schön anstrengend. Da bleibt immer ein Gefühl zurück, keinem so ganz gerecht werden zu können." erzählt Petra.

Dann sah sie einen Bericht über ein Kinderhospiz im Fernsehen und war ganz überrascht. „Das ist ja gar kein

Haus zum Sterben, zumindest nicht nur. Da können wir richtig Urlaub machen", dachte sie erstaunt. Die anstrengende Pflege, das Baden und Wickeln, das dauernde auf die Uhr schauen, um keine Mahlzeit oder Medikamentengabe zu verpassen – das alles könnte die Familie an geschultes Personal abgeben. Dann hätten sie auch wieder Kraft, um mit der ganzen Familie nur die schönen Dinge zu tun. Also probierten sie es aus und fuhren ins Sauerland in das Kinderhospiz Balthasar in Olpe. Zuerst trauten sie sich kaum aus dem Haus, um zu überwachen, ob auch alles richtig lief. Jedes Kind bringt seinen eigenen Tagesablauf mit ins Kinderhospiz, der vom Personal auch eingehalten wird. Die Eltern können so viel in die Pflege einbringen, wie sie möchten. Ob ganz, gar nicht, oder teilweise, alles ist möglich. Stück für Stück baut sich so Vertrauen auf.

„Inzwischen waren wir schon viele Male zu Gast in einem Kinderhospiz. Zuerst in Olpe und später auch in Syke bei den Löwenherzen. Darüber freuen wir uns besonders, denn die Anreise ist aus Bremen nicht mehr so weit nach Olpe. Jetzt kann ich es auch ertragen, Christian alleine im

Kinderhospiz zu lassen. Er ist elf Jahre alt und soll auch mal die Möglichkeit haben, etwas ohne Mama zu unternehmen. Das machen andere Kinder in seinem Alter schon längst. Diese Aufenthalte haben ihm und uns immer gut getan und ich hoffe, dass viele andere Familien in der gleichen Situation dieses ebenso genießen können", sagt Petra Kettler.

Das erste Kinderhospiz in Deutschland – das Kinderhospoiz Balthasar – konnte im September 1998 im sauerländischen Olpe eröffnen. Mit dem Namen Balthasar verbindet das Haus den Begriff der Heiligen Drei Könige. Balthasar, der Weise aus dem Morgenland. Die Stadt Olpe mit dem Biggesee, sowie die angrenzenden, ruhigen Wälder des Sauerlandes bieten einen hohen Erholungswert. Die Familien erfahren hier einen wahrhaftigen Kurcharakter.

Bei meinem Besuch in Balthasar werde ich sehr freundlich und mit offenen Armen empfangen. Ich stelle fest, dass der Leiter und sein Team sich sehr engagiert und liebevoll in das Haus und die Arbeit einbringen. Rüdiger Barth leitet das Kinderhospiz. Bei einem Kennenlernen und einem kurzen Wortwechsel merke ich gleich, dass Herr Barth ein ganz netter Kumpeltyp ist und mit Sicherheit ein besonders liebevoller Hospizvater. Auch einen gewissen Charme bringt er mit sich, der sich auf die Mitarbeiter und auf die Besucher des Hauses überträgt. Rüdiger Barth ist sehr stolz auf das Balthasar. Dabei blickt er auf 25 Jahre Pflege mit schwerkranken und sterbenden Kindern zurück.

Hell, wohnlich und behindertengerecht ist es eingerichtet. Lachen und Leben stehen hier im Vordergrund, aber auch Trauern und Sterben werden getragen und ausgelebt. Acht kranke Kinder und deren Familien finden hier Platz. Das Haus bietet moderne, großzügige und freundliche Räume: helle Kinderzimmer mit Terrasse, Aufenthalts- und Kaminzimmer, Spiel- und Computerzimmer, Snoezelen-Raum, Therapie- und Bewegungsbad. Aus einer halboffenen Küche, die in einen sehr großen Essbereich übergeht, strömen köstliche Düfte. „Wir haben diesen Bereich bewusst so gestaltet, so dass die Kinder über ihre Sinne wahrnehmen können, dass gekocht wird. Sie wissen dann, dass es beispielsweise bald Mittagessen gibt", erzählt mir Rüdiger Barth. Dann zeigt er auf einen Wagen, in dem man das Essen warm halten kann. „Nur sehr schwer konnte ich mich mit diesem Gefährt anfreunden, denn ich möchte auf keinen Fall einen Hotelcharakter im Haus entstehen lassen. Aber dennoch ist dieses Gerät ganz akzeptabel, denn die Gäste des Hauses können nicht immer alle gleichzeitig zusammen essen und so ist es ganz gut, wenn man die Speisen in diesem Wagen warm halten kann."

Herr Barth zeigt mir anschließend den Abschiedsbereich. Dieser ist wirklich sehr schön und in warmen Farben gestaltet. Hier können Familien ganz nach ihren Wünschen und ihrer Religionszugehörigkeit, verbunden mit ihren religiösen Wertvorstellungen, den Abschied ihres Kindes gestalten. „Wir gehen individuell auf die Wünsche der Familien ein", hebt Rüdiger Barth hervor. Das Fenster des Aufbahrungsraumes ziert ein Mosaikbild, auf dem der heilige Balthasar zu sehen ist. Herr Barth erklärt mir, dass dieser Raum auch von Familien genutzt wird, deren Kinder nicht im Haus verstorben sind. Somit kann auch nach dem Versterben des Kindes die Familie den Abschiedsbereich bis zur Beerdigung nutzen. Herr Barth führt mich weiter in das obere Stockwerk. Ein großzügiger Familienbereich mit einer offenen Küche und komfortablen Familienappartements ist hier vorhanden. Die meisten Familienappartements sind mit Balkonen ausgestattet. Es gibt für die Angehörigen sogar einen Internetanschluss, da viele Eltern durch die intensive Pflege ihres Kindes zu Hause gar nicht die Zeit aufbringen können, sich einmal im Internet zu informieren. „In der Küche hier oben können sich die Eltern selbst Speisen zubereiten, aber sie lassen sich auch gern von unserer hauseigenen Küche verwöhnen. Die meisten Eltern genießen einfach ihre freie Zeit. Sie möchten einfach einmal ausschlafen oder nur mal in der Stadt bummeln gehen", sagt Herr Barth.

Wir begeben uns wieder nach unten. Draußen gibt es eine schöne Gartenanlage mit sonnigen, aber auch schattigen Plätzchen. Ein Highlight ist eine Rollstuhlschaukel. „Es gibt nur wenige Einrichtungen in der Bundesrepublik, die so eine Rollstuhlschaukel haben", berichtet mir Herr Barth. An einem Hang vom Gartenbereich aus drehen sich viele bunte Windräder im Sommerwind. Einmal im Jahr, immer am ersten Sonntag im Juli, lädt das Kinderhospiz Balthasar die Familien ein, deren Kinder im Vorjahr verstorben sind. An diesem Tag, es ist das Windradfest, werden die Flügel der Windräder mit den Namen der verstorbenen Kinder beschriftet. „Die Windmühlen drehen sich manchmal so geschwind. Sie symbolisieren eine ausgiebige, vorantreibende Kraft. Die Kinder sind unsichtbar wie der Wind. Und so unsichtbar wie der brausende Wind vermittelt das Drehen der Windmühlenflügel eine Kraft, die die Eltern und Mitarbeiter nach vorne streben lässt", sagt Herr Barth. „Wir haben hier als Mitarbeiter ganz eigene Rituale, wenn ein Kind verstirbt. Es wird zum Beispiel eine brennende Kerze ins Fenster gestellt, so dass jeder weiß, dass ein Kind verstorben ist. Mit den Eltern und Geschwisterkindern leben wir andere Rituale aus, die wir ganz nach den Bedürfnissen der Angehörigen gestalten." Im Sommer 2006 kamen 100 Familienmitglieder zum Windradfest.

Vom großen Garten aus kann man auf den nahe gelegenen Spielplatz blicken, der sich in unmittelbarer Nähe auf dem Gelände der angrenzenden Einrichtungen der Trägergesellschaft GFO, der Gemeinnützigen Gesellschaft der Franziskanerinnen zu Olpe mbh, befindet. „Die GFO ist ein traditionsreicher Träger sozial-caritativer Einrichtungen, der aus den Olper Franziskanerinnen hervorgegangen ist.

In Olpe finden sich vor allem weitere Kinder- und Jugend-hilfeeinrichtungen, z.B. ein Kindergarten, ein Kinderheim und ein Mutter-Kind-Haus", erklärt mir Herr Barth.

Im Vordergrund steht die Hospizarbeit mit den erkrankten Kindern. Birgit Halbe ist seit acht Jahren im Kinderhospiz tätig. „Mir unterliegt die pädagogische Leitung mit dem Schwerpunkt der Familien- und Trauerbegleitung", berichtet Frau Halbe mir. Sie hat eine qualifizierte Ausbildung zur Kindertrauerbegleiterin. Birgit Halbe ist schon seit über 30 Jahren angestellt bei der Trägergesellschaft GFO. In vielen Bereichen hat sie schon gearbeitet, wie beispielsweise in einem heilpädagogischen Kinderheim oder in der Leitung einer Tageseinrichtung für behinderte Kinder. Durch Freunde wurde sie schon aufmerksam auf die Hospizarbeit. Dann wurde sie von ihrem Arbeitgeber gefragt, ob sie sich vor-stellen könnte, im geplanten Kinderhospiz Balthasar zu ar-beiten. Die Entscheidung fiel ihr nicht schwer. Seitdem be-treut sie die erkrankten Kinder und ihre Familien. „Wir sind zu dritt im pädagogischen Team, alle in Vollzeitanstellung. Wir erleben die erkrankten Kinder in ihrem Alltag häufig mit dem Verlust von körperlichen und geistigen Fähigkei-ten bei gleichzeitiger Zunahme der Hilfs- und Pflegebe-dürftigkeit, nicht selten auch mit Unwohlsein und Schmer-zen. Aber die Trauerbegleitung ist der wichtigste Bestand-teil von der Diagnose an. Kinder trauern ganz anders als wir Erwachsenen, wenn wir einen geliebten Menschen ver-lieren. Manche Kinder ziehen sich zurück, andere sind al-bern, lustig oder benehmen sich so, als wäre gar nichts ge-schehen", führt Birgit Halbe weiter aus. „Wir bieten ihnen die Möglichkeit, ihre Trauer offen auszuleben. Sie brauchen uns als aufmerksame Begleiter. Wir fragen uns dabei oft, was in den Köpfen dieser Kinder vorgeht und was sie in ih-rem Alter von Sterben und Tod verstehen. Wir überlegen, welche Rituale sie haben. Diesen Fragen gehen wir auch in der Qualifizierung zur Trauerbegleiterin oder zum Trauerbegleiter nach und finden dabei einen Weg, der einfühlsam und aufmerksam begangen wird. Auf diesem Weg können wir Kinder in ihrem Trauerprozess begleiten. Unser Ziel ist, Kinder und Eltern in Trauersituationen zu unterstützen und zu begleiten. Dazu gehört die Auseinandersetzung mit eigener Trauer- und Verlusterfahrung, das Kennenlernen von entwicklungsbedingten kindlichen Todeskonzepten, das Kennenlernen von kindlichen Ausdrucksformen, Erlernen unterschiedlicher Methoden und Ritualen der Kindertrauerbegleitung, das Kennenlernen entsprechender Fachliteratur, der Umgang mit der Symbolsprache, die Fähigkeit, Kindertrauergruppen zu leiten und den achtsamen Umgang mit Kindern in der Trauersituationen zu gestalten."

Birgit Halbe ist Gründerin des Kindertrauerzentrums Thalita, welches sich auf dem Grundstück des Kinderhospizes gleich am Auffahrtseingang befindet. Thalita ist ein Trauerzentrum, eine Anlaufstelle für trauernde Kinder. „Der Name Thalita ist abgeleitet aus dem Biblischen. ‚Talita kumi!‘, das heißt: ‚Mädchen steh auf!‘ Es bedeutet so viel wie: Wir beginnen so zu leben, wie Gott es uns bestimmt hat: Befreit, erlöst, lernend im Blick auf das, was Gott von uns will", erklärt mir Birgit Halbe. „Das Angebot unseres Trauerzentrums können Kinder im Alter von sieben bis vierzehn Jahren in Anspruch nehmen. Es richtet sich also nicht nur an trauernde Kinder, die im Haus ein Geschwisterkind verloren haben, sondern an alle trauernden Kinder, die einen nahe stehenden Menschen durch Tod verloren haben. Das kann ein Geschwisterteil sein, aber auch eine Mutter, ein Vater, eine Oma, ein Opa, ein Onkel, eine Cousine, aber auch ein Nachbarsjunge, eine Spielkameradin oder eine Kindergartenfreundin." In einem geschützten Raum bekommen die Kinder die Möglichkeit, ihrer Trauer Ausdruck zu verleihen. „Wir führen zunächst Erstgespräche mit den Eltern oder einer Bezugsperson, beispielsweise einem nahen Angehörigen. Dann lernen wir die Kinder in der Gruppe kennen. Als Einstiegsritual erzählen wir uns etwas zur Anregung. Daraus entsteht dann eine Kreativität, die die Kinder zum Beispiel in Malereien ausdrücken. Sie lassen in den Bildern ihrer Trauer freien Lauf, und es entstehen manchmal unglaubliche Werke", berichtet Frau Halbe. „Unsere Treffen finden 14-täglich über einen Zeitraum von drei Monaten statt. Den Abschluss der Kindertrauergruppe gestalten wir mit den Kindern und den Eltern bzw. einer Bezugsperson gemeinsam." Das Thalita Trauerzentrum wird so gut angenommen, dass dort auch Seminare stattfinden, beispielsweise für Erzieherinnen. Bereits im Kindergarten oder in der Schule fängt die Begleitung von betroffenen Kindern an. Das Angebot wird sehr gut angenommen.

„Ihr Kind ist unheilbar krank!" Bei diesem Satz bricht für die Familie eine Welt zusammen. Mit einem Schlag ist nichts mehr wie es war. Die Pflege und Versorgung des unheilbar kranken Kindes steht im Vordergrund, und damit zwangsläufig alles andere im Hintergrund. Der Weg von der Diagnose bis zum Tode des Kindes zieht sich oft über Monate, manchmal Jahre hin und verlangt von Eltern und Geschwistern das Äußerste. Damit die Familien auf dem schweren Weg nicht alleine sind, können sie im Kinderhospiz Balthasar eine Zuflucht finden. „Wir begleiten die Familien ab Diagnose, bis über den Tod hinaus. Die Familien werden nach dem Tod ihres Kindes ein Jahr lang weiter begleitet. Manche Familien suchen den Weg sogar nach fast vier Jahren noch zu uns", berichtet Birgit Halbe. „Ganz wichtig ist uns die Begleitung in drei Schritten: Vorausgehend, begleitend und nachgehend." Die Hospizmitarbeiter tragen die Familien ein Stück auf ihrem beschwerlichen Weg und die Familien kehren immer wieder gern an den Ort zurück, obwohl es auch ein schmerzlicher Ort für sie ist.

Das Kinderhospiz Balthasar ist ein zweites Zuhause für das kranke Kind und seine Familie. „Wir haben nicht nur Zulauf aus unserer Region. Wir begleiten auch Kinder und

Familien aus Österreich, der Schweiz und sogar aus Luxemburg. Viele betroffene Familien finden den Weg zu uns", berichtet Herr Barth mir. „Rund um die Uhr werden die Kinder von unserem erfahrenen Personal aus den Bereichen Kinderkrankenpflege, Krankenpflege und Pädagogik betreut und versorgt. Dabei finden die Eltern und Angehörigen in unserem Kinderhospiz Begleitung und Unterstützung. Sie werden von der oft anstrengenden Pflege der betroffenen Kinder entlastet. Die regelmäßigen Gesprächsangebote der Mitarbeiter bieten die Möglichkeit, ihre Sorgen und Ängste, aber auch ihre Trauer mitzuteilen und sich mit Eltern in ähnlichen Lebenssituationen auszutauschen, um sich so auf die Zukunft und auf den Tod ihres Kindes vorzubereiten." Auch die Geschwister erleben das Zusammensein mit dem erkrankten Kind als belastende Zeit: Sie müssen Rücksicht nehmen, mit Einschränkungen leben und werden früh mit den Themen Tod und Trauer konfrontiert. Mitarbeiterinnen und Mitarbeiter im Kinderhospiz Balthasar sind auch speziell für die Geschwister da, gestalten für sie entsprechende, altersgerechte Angebote und geben ihnen die Gelegenheit, neben Sorgen und Ängsten auch Spaß und Freude zu erleben.

Gegenüber einem Erwachsenenhospiz hat ein Kinderhospiz vor allem zwei Besonderheiten: Ins Kinderhospiz kommt die gesamte Familie. „Darauf lege ich persönlich sehr viel Wert", betont Herr Barth. „Wir fungieren nicht als Kurzzeitpflegeeinrichtung für Kinder, die nicht lebensbegrenzt erkrankt sind. Die Kinder, die wir betreuen, kommen mit der Diagnose ‚unheilbar krank' zu uns. Dabei legen wir auch sehr großen Wert auf die Aufnahme der gesamten Familie." Es können somit bei Vollbelegung bis zu 40 Gäste im Kinderhospiz Balthasar sein. Zum anderen sind die Familien nicht ausschließlich in der letzten Lebensphase der Kinder im Kinderhospiz, sie kommen für einige Tage oder Wochen, insgesamt für 28 Tage pro Jahr, um hier „aufzutanken" und gestärkt wieder nach Hause zu fahren. Natürlich kommen auch Kinder in ihrer letzten Lebensphase ins Haus, die dann im Haus versterben. Insgesamt begleitet das Kinderhospiz Balthasar aktuell über 200 Familien von der Diagnose bis über den Tod des Kindes hinaus.

Täglich Sonne – das Kinderhospiz Sonnenhof in Berlin

Es ist Ostern als ich das Kinderhospiz Sonnenhof in Berlin besuchen darf. Ganz genau liegt das Kinderhospiz in dem Ortsteil Niederschönhausen von Pankow in einer ruhigen, aber dennoch sehr zentral gelegenen Straße. Einfach mitten im Leben liegt der „Sonnenhof" und hat dort einen wunderbaren Platz. Als ich bei herrlichstem Frühlingswetter auf die Einrichtung zugehe, werde ich von lauten Eselsrufen empfangen. Ich schaue erst einmal durch den Gartenzaun und entdecke zwei Esel, die sich auf dem Hof des Kinderhospizes befinden. Ein erstes wunderschönes Erlebnis, mit dem ich konfrontiert werde. Ich hatte schon gelesen, dass sich das Haus an häuslicher Atmosphäre orientiert. Eine sehr familiäre gemütliche Umgebung verspüre ich gleich, als ich das alte villenähnliche Gebäude in der Wilhelm-Wolff-Straße 36 in Berlin-Pankow betrete. Und dann darf ich mich sehr davon überzeugen, dass im Kinderhospiz Sonnenhof in Berlin trotz trauriger Umstände jeden Tag die Sonne scheint, auch wenn sie sich nicht immer für jeden sichtbar am Himmel zeigt. Denn die Gesichter der Menschen, die sich im Sonnenhof bewegen, strahlen eine Freude aus und eine Herzlichkeit, die man kaum beschreiben kann.

Empfangen werde ich an meinem Besuchstag von der Leiterin Frau Christiane Edler und ihren beiden Kolleginnen Sabine Sebayang und Marion Bonillo. Die drei führen mich zunächst durch das großzügige, lichtdurchflutete Haus, welches mit viel Liebe gestaltet ist. Während unseres Rundganges erläutert mir Frau Edler, dass dies ein Ort ist, der sich größtmöglich an häuslicher Atmosphäre orientiert.

„In erster Linie sind wir für unsere Gäste und ihre Angehörigen da. Wir legen viel Wert darauf, dass die Familien sich wie zu Hause fühlen können. Selbstbestimmung der Familien und minimale Routine stehen im Vordergrund unseres Konzeptes." Die Familien können ihren Alltag leben wie sie möchten und werden von den Hospizmitarbeitern unterstützt und begleitet. Auf meine Frage, wie überhaupt alles angefangen hat bis zum jetzigen Hospiz, erklärt Frau Edler mir, dass die Björn-Schulz-Stiftung Initiator des Hauses ist und auf über zwanzig Jahre Erfahrung zurückblickt.

Die Stiftung ist benannt nach Björn Schulz, einem Jungen, der mit sieben Jahren an Leukämie verstarb. Björn Schulz war eines von etwa 2000 Kindern, die in Deutschland jährlich an Krebs erkranken. Björn Schulz schaffte es leider nicht, dieser Krankheit zu entkommen und geheilt zu werden. Seine Eltern gründeten bereits 1983 in Berlin den Verein Kinderhilfe, Hilfe für leukämie- und tumorkranke Kinder – e. V. in Berlin. Die ersten Ziele des Vereins waren unter anderem die Hilfe zur Selbsthilfe, Verbesserung der

Behandlungs- und Betreuungsbedingungen krebskranker Kinder und die Förderung spezieller Forschungsprojekte. Der Verein hatte sich dann aber noch größeren und anspruchsvolleren Aufgaben gewidmet. So wurde im Jahr 1996 die Björn-Schulz-Stiftung der Kinderhilfe e. V. ins Leben gerufen, um regional und überregional für blut- und krebskranke Kinder, Jugendliche und junge Erwachsene tätig zu sein.

„Schon im Jahre 1997 haben wir mit der ambulanten Betreuung von Kindern, Jugendlichen und jungen Erwachsenen begonnen", erzählt Frau Edler. „Seit den 90er Jahren stehen wir Familien mit einem schwerst- oder unheilbar kranken Kind, Jugendlichen oder jungen Erwachsenen zur Seite, ermöglichen eine Nachsorge für chronisch- und krebskranke Kinder im eigenen Rosemarie-Fuchs-Haus an der Nordsee. Wir realisieren damit eine Krebsnachsorge für die Kinder und Jugendlichen, um den Heilungsprozess zu forcieren. Und wir bilden auch ehrenamtliche Familienbegleiter und ambulante Hospizhelfer aus. In den vergangenen Jahren betreuten wir auch viele Familien, deren Kinder nicht wieder gesund wurden und die verstarben. Wir begleiteten die Familien, auch über den Tod hinaus. Uns wurde während dieser Zeit ganz bewusst, welch unbeschreiblichen physischen und psychischen Kraftaufwand die Eltern und Angehörigen aufbringen müssen. Aus diesen Erfahrungen, und insbesondere der Erfahrungen der Familienbegleiter, reifte die Idee für ein stationäres Kinderhospiz, welches im Dezember 2002 in Berlin-Pankow eröffnet wurde", sagt Frau Edler und erzählt weiter: „Das Gebäude wurde bereits 1907 errichtet und diente als Fürsorgeheim für jüdische Kinder und Säuglinge. 1942 wurden von hier aus 150 Kinder und Säuglinge in die NS-Vernichtungslager verschleppt und ermordet. Später zu DDR-Zeiten war hier das Jüdische Altersheim untergebracht. Nach dem Mauerfall stand das Gebäude einige Jahre leer. Und nun sind wir hier mit unserem Hospiz zu Hause. Wir konnten das Gebäude von der Jüdischen Gemeinde günstig anmieten und für unsere Zwecke umbauen." Eine Gedenktafel an der Fassade erinnert an die Vergangenheit des Hauses.

Sabine Sebayang ist Kinderkrankenschwester und arbeitet im Bereich der Pflegedienstleitung im Kinderhospiz Sonnenhof. „Kranke Menschen und ihre Umfelder stellen wir in den Mittelpunkt. Die Einrichtungen der Stiftung arbeiten nach einem ganzheitlichen Konzept in der Behandlung und Betreuung", hebt Sabine hervor. Auf meine Frage, wie sie zur Kinderhospizarbeit gekommen ist, erzählt Sabine, dass sie eine Ausbildung zur Kinderkrankenschwester in Kiel gemacht hat. „Während meiner Ausbildung habe ich verschiedene Stationen der Kinderklinik durchlaufen. Irgendwann war die Kinderonkologie an der Reihe. Vom ersten Tag meiner Tätigkeit auf der Kinderkrebsabteilung wusste ich: Das ist es. Genau das möchte ich machen. Diese kranken Kinder und Jugendlichen stehen für mich im Mittelpunkt." Sabine absolvierte eine Fachausbildung zur Onkologieschwester und arbeitete einige Jahre in der Kinderkrebsklinik in Kiel. Während der Fachausbildung hatte sie auch Einsätze auf Palliativstationen und kam in Berührung mit unheilbar kranken Kindern, Jugendlichen und jungen Erwachsenen. Wie es sie dann von Kiel nach Berlin verschlagen hat, möchte ich gerne wissen. „Aus privaten Gründen bin ich nach Berlin gezogen und habe dann hier auf der Kinderkrebsstation gearbeitet. Ganze 14 Jahre lang." Während dieser Zeit absolvierte Sabine eine Fachweiterbildung zur Onkologieschwester. Während der Fachausbildung lernte sie die Arbeit auf Palliativstationen kennen und beschäftigte sich intensiv mit dem Thema Hospizarbeit, weil sie merkte, dass ihr berufliches Herz für diese Arbeit schlägt.

Sabine ist dann erst einmal Mutter geworden. Vier Kinder erzieht die 40jährige mit ihrem Mann, der gerade den überwiegenden Teil der Familie leitet, sozusagen der Hausmann ist. „Zwei unserer Kinder sind Zwillinge. Sie sind als Frühchen auf die Welt gekommen. Dankbar bin ich, dass meine vier Kinder recht gesund sind." Im Jahr 1998 erfährt Sabine Sebayang durch die Medien, dass in Berlin-Pankow durch die Björn-Schulz-Stiftung ein Kinderhospiz eröffnet werden soll. Sie überlegt nicht lange und setzt sich mit Herrn Schulz in Verbindung. Ihm vermittelt sie, dass die Arbeit in einem Kinderhospiz ihr Wunsch wäre. Seitdem arbeitet Sabine ehrenamtlich für die Stiftung am Aufbau des Kinderhospizes mit. Mit der Eröffnung des Kinderhospizes Sonnenhof beginnt Sabine ihre Arbeit als Kinderkrankenschwester und stellvertretende Pflegedienstleitung in dem Haus.

Ich frage Sabine, ob es ihr nicht schwer fällt, gerade als Mutter von auch noch zwei sehr kleinen Kindern, hier während ihrer Arbeit täglich mit den lebensverkürzend erkrankten Kindern und Jugendlichen konfrontiert zu werden. „Natürlich baut man einen sehr engen und persönlichen Kontakt zu den Familien auf, es werden Freundschaften geschlossen und die Abschiede fallen einem schon schwer. Aber ich möchte all meine Freundschaften und Bekanntschaften nicht missen. Und jeden Tag reifen meine Erfahrungen aus dem wirklich richtigen Leben. Schwer fällt es mir, ein Kind zu pflegen, es sogar sterben zu sehen, welches den gleichen Namen trägt oder sogar den gleichen Geburtstag hat wie eines meiner Kinder. Erst kürzlich verstarb bei uns ein Zwillingskind. Ich habe ja auch Zwillinge und dann überlegt man sich: Das könnte auch dein Kind sein. Wie dankbar kann ich sein, dass es mir und meinen Kindern gut geht. Gerade deshalb möchte ich den Menschen helfen, die es anders trifft in ihrem Leben."

Das Kinderhospiz Sonnenhof unterstützt unheilbar kranke Kinder, Jugendliche und junge Erwachsene und deren Familien sowie schwerstkranke Eltern mit höchstmöglicher Lebensqualität, die dabei im Vordergrund steht. Dazu gehört eine bedürfnisorientierte Pflege, eine Hilfe und Unterstützung für die gesamte Familie, eine Schmerztherapie und Symptomkontrolle unter Berücksichtigung der individuellen Bedürfnisse der Gäste und ihrer Familien. Palliativ-pflegerische und palliativ-medizinisch sowie soziale Begleitung und Betreuung gehören zu Hauptaufgaben der Mitarbeiter ebenso wie eine fachmännische Trauerbegleitung. Grundpflegeleistungen und medizinische Behandlungspflege sind eine Selbstverständlichkeit wie auch die psychosoziale Betreuung sowie eine Musik- und Kunsttherapie. „Die Kunsttherapie ist seit dem vergangenen Jahr Bestandteil unseres Therapieangebotes", erklärt Frau Edler. „Es ist eine fundierte Therapiemethode, bei der es vor allem um den schöpferischen Ausdruck der eigenen Gefühlswelt geht. Die Stärkung der eigenen Kraftressourcen, Bewältigungsstrategien und der Umgang mit schwierigen Lebenssituationen stehen dabei neben Gesprächen im Mittelpunkt." Im Haus werden gut besuchte Familiennachmittage organisiert, an denen sich die Eltern und auch die Geschwisterkinder zum Reden, Spielen, Trommeln, Backen und vielem mehr treffen. Auch betroffene Familien, die die Einrichtung noch nicht kennen, sind jederzeit herzlich eingeladen.

Während wir uns unterhalten zeigen die drei Frauen mir die Zimmer der Gäste im Hospiz. Zwölf Zimmer mit Dusche und Toilette stehen für die Gäste zur Verfügung. Jedes Zimmer ist hell und freundlich eingerichtet. Kindgerecht für die kleinen Bewohner und altersgerecht für die Jugendlichen und jungen Erwachsenen, denn das Kinderhospiz Sonnenhof nimmt auch junge Erwachsene auf bis zu einem Alter von dreißig Jahren. Sechs sehr große Zimmer befinden sich im Untergeschoss, sechs Zimmer im Obergeschoss. Der Sonnenhof bietet neben der Unterbringung der Gäste drei Elternappartements mit Dusche und

Toilette im Obergeschoss. Ein Wohnzimmer mit Teeküche befindet sich in der Nähe der Elternappartements. Eltern und Angehörige können von dort aus auf einer großen Terrasse verweilen. Von der Terrasse aus kann man auf das Eselgehege schauen. Ein großer Aufenthaltsraum mit Küche befindet sich im Haus sowie ein großes Therapieangebot für die Gäste. Dazu zählt ein Bewegungsbad. „Das Bewegungsbad wird in erster Linie den Gästen und den ambulant betreuten Familien zur Verfügung gestellt, aber auch an Vereine, wie beispielsweise der Lebenshilfe e.V.", führt Frau Edler aus. „Das wird nach vorheriger Absprache und Terminplanung angeboten. Wir sind auch angewiesen auf diese Geldeinnahmen, die zum Erhalt des Hauses beitragen. Alle Projekte der Stiftung werden nämlich ausschließlich von Spenden finanziert. So werden auch andere Möglichkeiten genutzt, Gelder zu beschaffen, wie beispielsweise bei Basaren oder bei unserem „Stöberlädchen" der Stiftung. Dort kann man Gebrauchtes für den guten Zweck kaufen, wie originelle Geschenke und alltägliche Gebrauchswaren, Kleidung, Kindersachen, Bücher, CDs, LPs, Videos, Spielsachen, Hausrat, Sammlerstücke und vieles mehr. Der gesamte Erlös des Stöberlädchens kommt den Familien mit schwerst- und unheilbar kranken Kindern, Jugendlichen und jungen Erwachsenen zugute", berichtet Frau Edler weiter, während wir zu den nächsten Räumlichkeiten kommen.

Das Haus bietet ein großes Spielparadies für Kinder, zudem ein Pflegebad mit Badewanne, Therapieräume für Kunst- und Musiktherapie, einen Raum der Oase für Entspannung und Massagen und einen Snoezelen-Raum. Hier kann man die Seele baumeln lassen. Der Snoezelen-Raum dient zum Schmusen und Dösen und hat ein Wasserbett. Dieses hat für gehörlose oder gehörgeschädigte Patienten integrierte Lautsprecherboxen zum Erfühlen der Töne. Für die Mitarbeiterinnen und Mitarbeiter ist ein

Stationsstützpunkt vorhanden, weiterhin gibt es Besprechungsräume, Büroräume, Personalräume und Hauswirtschaftsräume.

Der Aufbahrungs- und Abschiedsraum ist ein Bereich der Stille, in den sich die Angehörigen bis zu drei Tagen nach dem Tod Ihres Angehörigen zu jeder Tages- und Nachtzeit zurückziehen und sich von ihrem Kind, Jugendlichen oder jungen Erwachsenen verabschieden können, wann immer sie mögen. Durch eine Tür kann man vom Abschiedsraum nach draußen ins Freie gelangen, wo die Angehörigen dann auf einer eigens für diesen Bereich geschaffenen Terrasse verweilen können.

Bei kalter Witterung ziehen sich die Bewohner in den herrlichen Wintergarten im Untergeschoss zurück, der auch genutzt wird für Fortbildungen und in dem in Form einer Festtafel bei Feierlichkeiten gegessen werden kann. Aus dem Wintergarten heraus betreten wir den wunderschönen Garten. Ein Gartenteich sticht mir gleich ins Auge. In ihm schwimmen Steine. „Das ist unser Erinnerungsteich, in den für jeden Verstorbenen ein mit seinem Namen beschrifteter Stein eingelegt werden kann. Einmal im Jahr im Juni laden wir die Angehörigen zu einem Erinnerungstag ein, der feierlich begangen wird. Das Angebot wird dankbar angenommen. Viele Eltern sehen sich an diesen Tagen das erste Mal wieder seit ihren Aufenthalten im Kinderhospiz. Einige halten aber auch sehr engen Kontakt und treffen sich regelmäßig privat", erzählt Frau Edler. Ein großes Gartenhaus steht zur Verfügung, in dem viele Platz haben, auch zum Sitzen. Hier finden Feste, Fortbildungen oder Familiennachmittage statt. Einige Musikinstrumente laden ein zum Spielen und werden für die Musiktherapie genutzt. Die Kunsttherapeuten bieten in diesem Raum Kunstaktionen an. Die Gäste können im Garten grillen, auf Bänken verweilen, auf einem Spielplatz spielen. Dabei bemerke ich, dass der Garten des Gebäudes direkt an nachbarschaftliche Gärten mit Ein- und Mehrfamilienhäusern angrenzt. Auf meine Frage, wie die umliegenden Anwohner auf das Kinderhospiz und ihre Bewohner reagieren, erklärt Frau Edler mir: „Das ist überhaupt kein Problem. Wir haben die Nachbarschaft von Anfang an mit einbezogen. Der Garten steht sogar für alle offen. Es kommt häufig vor, dass aus der Nachbarschaft Kinder hier auf unserem Spielplatz verweilen und spielen. Da gibt es überhaupt keine Berührungsängste." Der kleine Streichelzoo des Sonnenhofes hat nicht nur zwei Esel zu bieten, auch Kaninchen, Ziegen und Schafe ermöglichen den Gästen, ihren Geschwistern und Freunden neue Wege in der Betreuung und Therapie. Der Körper- und Streichelkontakt zu Tieren ist von großer Bedeutung – vor allen Dingen für unheilbar kranke Kinder, die manchmal nicht anders ansprechbar sind. Durch Tierkontakte kann ein großer Beitrag geleistet werden, die noch verblei-

bende kostbare Zeit der Kinder und Jugendlichen mit Nähe
und Liebe zu füllen.

Nun gehen wir wieder ins Haus und ich werde noch
durch die Hauswirtschaftsküche mit einem großen Essbereich und Aufenthaltsraum geführt. Hier sitzen die Eltern
und die Kinder an einem großen Tisch und essen zu Mittag,
während nebenher in einer direkt benachbarten Kuschel-
und Spielecke die anderen Kinder ein Mittagsschläfchen
machen. Bei frisch zubereitetem Kaffee unterhalten wir uns
dann weiter. Marion Bonillo erzählt mir von ihrem eigent-
lichen Beruf als Historikerin. Viel Zeit verbrachte sie in Ar-
chiven, Bibliotheken und vor dem Computer. Motiviert von
dem Gedanken, aufzuklären, forschte sie nach den histori-
schen Wurzeln des Völkermordes an den Sinti und Roma
während des Dritten Reiches. Und obwohl ihr diese aufde-
ckende Tätigkeit und vor allem das Thema sehr am Herzen
liegt, war sie irgendwie immer auf der Suche nach etwas

anderem Sinnvollen. So beschreibt sie es. „Historikerin, ist das nicht sinnvoll?", frage ich. „Mein Wunsch war und ist, ganz praktisch im Hier und Jetzt zu helfen. Darum geht es mir eigentlich", sagt Marion. Im Jahr 2004 wurde sie durch eine Freundin aufmerksam auf einen Beitrag über das Kinderhospiz Sonnenhof im Fernsehen. Sie interessierte sich für die Hospizarbeit und informierte sich im Sonnenhof, welche Möglichkeiten für sie geboten wären, Hilfe zu leisten, sich einzubringen in die Arbeit des Hospizes. Und so meldet sich Marion für die Ausbildung zur Familienbegleiterin an.

Entlastung, Begleitung, Betreuung – das sind nur drei Aufgaben, die ein Familienbegleiter oder eine Familienbegleiterin wahrnehmen. Die ehrenamtlichen Familienbegleiter der Björn-Schulz-Stiftung haben es sich zur Aufgabe gemacht, schwerst- und unheilbar kranken Kindern, Jugendlichen und jungen Erwachsenen, sowie deren Familien eine liebevolle Unterstützung zu sein. Sie nehmen sich Zeit und schenken Zeit, ob für längere Gespräche oder für praktische Umsorgung. „Zu meinen Hauptaufgaben der Familienbegleitung gehört die Entlastung der betroffenen Familien im täglichen Leben. Dadurch haben die Angehörigen mehr Zeit und Kraft für das kranke Kind", erklärt Marion mir. Die Ausbildung wird durch die Björn-Schulz-Stiftung ermöglicht. Sie dauert ein Jahr und ist aufgeteilt in einen theoretischen und einen praktischen Teil. Die Familien, die Hilfe oder Betreuung benötigen, rufen im Kinderhospiz Sonnenhof an. Frau Edler hat meist schon den richtigen „Riecher", welche Familienbegleiterin oder welcher Familienbegleiter in die Familie passen könnte. Sie bespricht dann die gegebene Situation mit Marion Bonillo, die die Familien dann zu Hause besucht. „Im März 2005 kam ich in meine erste Familie. Das ist jetzt ein Jahr her. Derzeit betreue ich drei Familien nach Bedarf und nach Einsatzwunsch. Insgesamt werden von unseren Familienbegleitern 160 Familien in Berlin und Umgebung betreut. Und das sowohl im häuslichen Umfeld als auch zu Hause. Oft wünschen die Familien eine Begleitung zu Hause. Ich fahre in die Familien, man kommt ins Gespräch und lernt sich kennen. Es ist sozusagen ein erstes Beschnuppern", beschreibt Marion. Wenn „die Chemie stimmt" bleibt die Familienbegleiterin in der Familie und betreut diese zunächst zu Hause. Wenn die Familie Hilfe benötigt, rufen sie die Familienbegleiterin an, die dann nach Terminvereinbarung zur Familie ins häusliche Umfeld fährt. Auf meine Frage, welche Hilfe benötigt wird, antwortet mir Marion: „Das ist ganz unterschiedlich. Die Familien erfahren ja oft eine soziale Isolation und die tägliche Organisation des Tagesablaufes bringt die Familien mit einem erkrankten Kind an die Grenzen ihrer Belastbarkeit. Beispielsweise möchte eine Mutter einkaufen gehen und das erkrankte Kind und das Geschwisterkind müssen betreut werden. Dann bleibe ich im Haus und bin für die Kinder da. Auch helfe ich bei Behördengängen oder bin für ein Gespräch da, wenn es den Eltern schlecht geht. Wichtig ist, sich nicht aufzudrängen, den Eltern es zu überlassen, wo und wann sie Hilfe benötigen." Die 37jährige Marion Bonillo hat sich nun ganz fest vorgenommen: „Ich möchte Sozialpädagogik studieren, um mich in Zukunft beruflich ganz der Arbeit im sozialen Bereich widmen zu können."

Betroffene Familien fühlen sich oft alleingelassen und ausgegrenzt. Die Familienbetreuung nehmen sie als sehr hilfreich an. Viele Ehen gehen während der schweren Zeit zugrunde. Häufig stehen die Frauen, aber auch die Männer, alleinerziehend da. Auch dann treten die Familienbegleiter in den Vordergrund. Sie sind auch in diesem Bereich professionell geschult im Umgang mit den Familien und werden ganz nach den Bedürfnissen der Familien eingesetzt. Sie können so in einigen Bereichen als Hilfe wie ein zweiter Elternteil agieren. Alle Hospizmitarbeiter, aber insbesondere die Familienbegleiter, stehen den betroffenen Familien rund um die Uhr zur Seite, denn die betroffenen Eltern haben für ihr unheilbar erkranktes Kind vieles aufgeben müssen: ihren Beruf, ihre Selbstständigkeit, eigene Hobbys und Bedürfnisse. Die Familienbegleiter stehen den Familien mit einer großen Entlastung im täglichen Leben zur Seite: als Freund für den jungen Patienten und als Gesprächspartner für alle Familienmitglieder. Sie betreuen Geschwisterkinder, da sich die Eltern, die mit ihrem erkrankten Kind sehr eingespannt sind, häufig nicht ausreichend um die Geschwister kümmern können. Nicht selten leben Familien mit einem lebensbedrohend erkrankten Kind am Existenzminimum. Sie sind einerseits schon eingeschränkt durch das erkrankte Kind, verlieren ihren Arbeitsplatz oder können ihren Arbeitseinsatz nicht mehr voll erbringen und stoßen zudem bei den Behörden noch auf Widerstand. Manchmal geht es nur um die Bewilligung eines Wickeltisches, weil das Kind auf dem Fußboden nicht mehr gewickelt werden kann. Monatelange Antragsabwicklungen laufen, um beispielsweise solch einen Wickeltisch oder eine Rehakarre für das Kind zu erhalten. Manchmal verstirbt während dieser Zeit das Kind. Die Eltern wünschen sich einen unkomplizierteren, schnelleren Weg während der Abwicklungsvorgänge. Auch solche Aufgaben übernehmen die Familienbegleiter, um den Eltern solch anstrengende Behördengänge abzunehmen und bei der Abwicklung von Antragsverfahren zu helfen.

Eine Elterngruppe für Eltern, deren Kinder schwer- oder unheilbar krank sind, trifft sich im Rahmen einer offenen Gruppe unter Leitung einer Sozialpädagogin. Verwaiste Eltern haben die Gelegenheit, andere ähnlich betroffene Eltern kennen zu lernen, sich auszutauschen und auszusprechen. Wie Eltern den Tod ihres Kindes miterleben, ist ganz unterschiedlich. Sie erfahren es unterschiedlich. Einige erleben es mit Furcht, einige als besonders einzigartig und auch als eine Bereicherung und Erfahrung, die andere nicht haben werden.

„Den Tod eines eigenen Kindes zu erleben, das ist, als würde sich die Erde auftun und das ganze Leben würde darin versinken."

„Es ist, als würden sich für einen Augenblick der Himmel und die Erde berühren."

„Es ist, als würde man die Geburt seines Kindes ein zweites Mal erleben. Aber es ist eine Geburt in ein anderes Leben, an dem man nicht teilhaben kann. Noch nicht."

In Elterngruppen können die Eltern diese Erlebnisse und ihre ganz persönlichen Erfahrungen über den Tod ihres Kindes hinaus austauschen. Sie lernen voneinander, sie akzeptieren, dass ihr Kind sterben wird oder lernen voneinander, wie sie nach dem Tod ihres geliebten Kindes weiterleben können. Ein „Warum" gibt es nicht. Sie müssen damit umgehen und es ist ihr Ziel, während der Begleitung ihres Kindes diesem ein schmerzfreies Leben bis zum Ende zu ermöglichen und sich selbst nicht aufzugeben, wenn ihr Kind verstorben ist.

Das Kinderhospiz Sonnenhof bietet auch eine Trauergruppe für Geschwisterkinder, die einen Bruder oder eine Schwester verloren haben. Hier können Kinder und Jugendliche im geschützten Raum unter pädagogischer Anleitung ihren ganz individuellen Trauerweg finden. Die Trauergruppe wird von einer Gruppe ehrenamtlicher Familienbegleiter geleitet. Die Betroffenen können ihre Trauer mit anderen Betroffenen gleichen Alters ausdrücken und verarbeiten. Die Gruppe wird professionell von einer in Trauerarbeit erfahrenen Psychologin begleitet. Die Trauergruppen werden in den Altersstufen unter 15 Jahren und von 15 bis 18 Jahren angeboten. Mit einem erfahrenen Team, bestehend aus Kinderkrankenschwestern/ -pflegern, Psychotherapeuten, Seelsorgern und Sozialpädagogen verwirklicht das Kinderhospiz Sonnenhof eine liebevolle und professionelle Betreuung. Zudem arbeitet das Haus eng mit externen Pädiatern, Palliativmedizinern, Seelsorgern und Physiotherapeuten zusammen.

Einen weiteren Weg geht die Björn-Schulz-Stiftung mit dem Aufbau einer Akademie. Sie qualifiziert damit ihre Arbeit. Durch die jahrelang entwickelte Erfahrung und die gesammelten Kompetenzen kann die Stiftung mit der Akademie Erfahrungen und Wissen an Angehörige, Interessierte und alle in diesem Bereich Beschäftigte weitergeben. Alle kranken Kinder und Jugendlichen und auch die hauptamtlich und ehrenamtlich Tätigen sollen von dieser Akademie profitieren. Die Akademie wird zur Aufgabe haben, ein breit gefächertes Schulungsprogramm anzubieten, damit die Begleitung von krebs-, chronisch- und unheilbar kranken Kindern, Jugendlichen und jungen Erwachsenen gesichert werden kann. Mit den Fort- und Weiterbildungsangeboten richtet sich die Akademie an Mitarbeitende aus den Bereichen Gesundheit und Soziales sowie an Angehörige von krebs-, chronisch- und unheilbar kranken Kindern, Jungendlichen und jungen Erwachsenen. Alle Veranstaltungen werden von ausgewählten, praxiserfahrenen Referenten und Dozenten als Seminare, Kurse oder Ringvorlesung gestaltet.

Feréol – Genießer der Sonnenstrahlen

Das Kinderhospiz Sonnenhof bietet den betroffenen Familien Halt und Kraft. So erfährt es Uta Angermann aus Berlin. Ihr Sohn Feréol ist acht Jahre alt und war damals das zweite Kind in ihrer Familie. „Feréol kam mit einer gravierenden Fehlbildung des Großhirns zur Welt", berichtet Uta Angermann. „Und das nach einer ganz unkomplizierten Schwangerschaft. Das war im Februar 1998. Er hatte sogar hervorragende Apgarwerte und eine völlig unauffällige postnatale Anpassung. Stolze 4460 Gramm wog Feréol bei einer Größe von 54 cm und einem Kopfumfang von 38 Zentimetern. Alles ganz normal und ein wirkliches Pracht-kerlchen." Uta Angermann und ihrem Mann fielen leichte Schädeleindellungen beidseitig an den Schläfen auf und sie fragten sich, von wem ihr Sohn die wohl geerbt hätte. „Manchmal zitterte eines seiner Beinchen kurz und einmal wurde er während des Klinikaufenthaltes kurz blau im Ge-sicht", erinnert sich Uta. „Nachträglich betrachtet waren das schon die ersten Hinweise, dass etwas nicht in Ordnung ist. Aber irgendwie verdrängt man solche Gedanken, denn behinderte oder kranke Kinder bekommt man selbst ja nicht. Die bekommen ja nur die anderen."

„Wir waren gerade einen Tag zu Hause, da bekam Feré-ol Atemnot. Er hörte auf zu atmen, hielt die Luft an und man konnte ihn nicht dazu bewegen, weiter zu atmen. Ein mulmiges Gefühl machte sich in mir breit. Es folgten weite-re, immer längere Atemaussetzer und seine Haut färbte sich blau. Diese Atemaussetzer kündigte Feréol durch kurzes Aufweinen an, die diesen Aussetzern vorausgingen." Uta Angermann fuhr mit ihrem Mann und ihrem Sohn in die Klinik und schilderte dort in der Ersten Hilfe der Klinik die Vorfälle. Sofort wurde die Familie auf eine Station einge-wiesen. Dort bekam er, als eine Krankenschwester ihn ent-kleiden wollte, um ihm Krankenhausbekleidung anzuzie-hen, eine nicht enden wollende Apnoe. In dessen Verlauf verschwand die Ärztin mit der Krankenschwester und dem Kind in einem Reanimationsraum. Während ihr Sohn in diesem Raum behandelt wurde, blieben die Eltern völlig verzweifelt und wie gelähmt zurück.

Feréol wurde auf die Intensivstation gebracht und dort in einen Brutkasten gelegt. Im Anschluss folgten viele Untersuchungen und die endlose Warterei auf die Ergeb-nisse war mit einer großen Anspannung verbunden „Da fragt man sich, ob wohl ein Tumor im Gehirn diese Atemaussetzer verursachen könnte." Die Ergebnisse ließen weiter auf sich warten. Es war mittlerweile Nacht geworden. „Man riet uns zu gehen, doch wir wollten warten, bis der Grund gefunden war. Die ersten Ergebnisse waren ohne Befund, alles unauffällig. Schließlich wurde eine Sonographie des Kopfes gemacht und in dem darauf folgenden Gespräch wurde klar, dass etwas mit Feréols Gehirn nicht in Ordnung war. Eine sogenannte Migrationsstörung wurde diagnostiziert. Man erklärte uns, dass die weiße und graue Hirnsubstanz nicht richtig voneinander abgegrenzt wäre", erzählt Uta Angermann. Sie stellt sich so viele Fragen: „Es ging drunter und drüber in meinem Kopf. Was bedeutete das genau? Welche Auswirkungen würde es auf unseren Sohn haben? Andererseits war ich auch erleichtert, endlich den Grund der Atemaussetzer zu wissen." Sogleich wurde Feréol medikamentös behandelt. „Er schlief ganz verkabelt und mit Schläuchen bestückt in seinem Bett. Er war zunächst anfallsfrei nach der Medikamentengabe. Dann erlitt er wieder einen Anfall und die Dosis musste erhöht werden." Feréol musste sich in der darauf folgenden Zeit noch mehreren Untersuchungen unterziehen. Augen- und Hörtests fielen unauffällig aus. Bei der Magnetresonanztherapie wurde dann später das gesamte Ausmaß seiner Fehlbildung sichtbar. „Lissenzephalie. So heißt die Diagnose mit medizinischen Fachbegriff", erklärt mir Uta Angermann.

Feréol ist schwerst mehrfachbehindert, kann weder laufen, krabbeln, noch selbstständig sitzen und hat nur eine dürftige Kopfkontrolle. Auch Sprechen ist nicht möglich. Er kann nichts bewusst in der Hand halten oder nach einem Spielzeug greifen. Und er leidet auch unter einer schwer einstellbaren Epilepsie, die immer wieder vitale Funktionen wie die Atmung und den Herzschlag nachhaltig stört. „Aber es gibt auch Lichtblicke", erzählt Uta. „Innerhalb eines Jahres entwickelte er sich körperlich sehr gut. Er konnte mit sechs Monaten fein pürierten Brei vom Löffel essen und mit 18 Monaten hatte er schon keine Lust mehr, aus der Nuckelflasche zu trinken, sondern trank aus einer Schnabeltasse. Wenn er ganz faul ist und gar nicht trinken mag, träufele ich ihm Getränke mit einer Spritze in den Mund. Und er mag ausgiebiges Kuscheln und Schmusen, dass er auch einfordert, wenn er sich vernachlässigt fühlt."

Fast vier Jahre lang opfern sich Uta und die Familie von Herzen auf für ihren Sohn, dessen Pflege fast rund um die Uhr sichergestellt sein muss. Freizeit, eigene Interessen, Urlaub, sich mal ausruhen, intensive Zeit für die ältere Tochter, all das rückt fast völlig in den Hintergrund. Deshalb kann Uta Angermann es kaum glauben, als sie im Oktober 2002 in der Lokalpresse liest, dass das geplante Kinderhospiz Sonnenhof Ende des Jahres endlich eröffnet werden soll. Sie hatte das Kinderhospiz Sonnenhof noch nie gesehen, aber das, was sie der Zeitung entnahm und sie sich in ihren Vorstellungen ausmalte, musste einfach gut sein. Und so nahm sie kurze Zeit später Kontakt auf. „Feréol war vier Jahre alt, als er das erste Mal Gast im Hospiz war. Er war eines der ersten Kinder, die aufgenommen wurden. Zu diesem Zeitpunkt ging es ihm sehr schlecht. Er hatte permanent Infekte, Fieberschübe, Krämpfe und musste ständig abgesaugt werden. All diese zusätzlichen Dinge machten ihm sein Leben schwer." Seine ältere Schwester hatte sehr unter diesem Zustand zu leiden. Schließlich kam sie viel zu kurz, da die Eltern für Feréols Pflege übermenschliche Kräfte aufbringen mussten. So nutzt die Familie den ersten Aufenthalt von Feréol im Kinderhospiz um zu verreisen. Die erste Nacht verbringt die ganze Familie mit in der Einrichtung. Feréol bekommt ein eigenes Zimmer. „Die Übernachtungsgegebenheiten und die Küche haben so ein familiäres Flair. Die Wohnküche ist wirklich wunderschön und so praktisch, weil man alles im Überblick hat. Und wenn der Koch in der Küche anfängt, seine leckeren Speisen zuzubereiten, dann verbreiten sich in der

Wohnküche und überhaupt im ganzen Haus wohlriechende Düfte. Genauso wie es zu Hause auch ist. Wir sind uns sicher, dass Feréol nirgends besser aufgehoben ist, wenn wir für die Pflege und Betreuung nicht zur Verfügung stehen können. Natürlich ist es auch komisch, Feréol zurückzulassen. Und obwohl das ganze Pflegepersonal im Vorfeld über seine Eigenheiten informiert ist und Feréol mittlerweile sehr gut kennt, er ist schon ein richtiger Stammgast, ist es ein eigenartiges Gefühl, sich ohne Feréol auf den Weg zu machen", erzählt Uta Angermann von ihren Empfindungen. „Feréol fühlt sich wohl und so kam es, dass sich sein Gesundheitszustand zum Positiven gewendet hat. Zudem entlastet es sehr, wenn man selbst einmal tun und lassen kann, was man möchte, ohne daran denken zu müssen, wann die nächste Mahlzeit fällig ist. Man kann einmal spontane Entscheidungen treffen, einkaufen gehen, ins Kino gehen, schwimmen gehen, spazieren gehen, einfach mal faulenzen und das allerbeste überhaupt ist: Man kann endlich wieder einmal ungestört schlafen." Die Familie von Uta Angermann kann es manchmal kaum erwarten, wieder in das Kinderhospiz Sonnenhof zu kommen: „Dann fahren wir freitags zum Familiennachmittag, wo sich ehemalige und zukünftige Gäste mit ihren Familien, aber auch Interessierte zum gemütlichen Beisammensein bei Tee, Kaffee und Kuchen treffen."

Bärenherz – Heimat für schwerstkranke Kinder in Wiesbaden

 Die Initiative Bärenherz wurde im Herbst 1999 von der Interessengemeinschaft für Behinderte e.V. ins Leben gerufen, um in Wiesbaden ein Hospiz für schwerstkranke Kinder zu bauen. Innerhalb von zwei Jahren ist es gelungen, ein ausschließlich aus Spenden finanziertes Haus im Wiesbadener Stadtteil Erbenheim zu eröffnen. Inzwischen ist die Initiative in die Trägerschaft der freigemeinnützigen Bärenherz-Stiftung übergegangen, die nun den Unterhalt des bislang weitgehend ohne öffentliche Zuschüsse betriebenen Kinderhospizes finanziert. Träger des Kinderhospizes ist die Wiesbadener Hospizgesellschaft mbH. Seit Februar 2005 gibt es einen Versorgungsvertrag mit den Krankenkassen. Darüber ist ein Pflegesatz von 250,00 Euro pro Tag und Kind vorgesehen. Davon werden nur etwa die Hälfte der Kosten abgedeckt. Zuvor hat sich das Hospiz komplett aus Spenden finanziert. Die Abwicklung mit den Krankenkassen bezieht sich derzeit auf die Erwachsenenhospize. Das heißt, die gesamten Regelungen sind auf die für Erwachsenenhospize ausgelegt. Dabei berücksichtigen sie weder Kinder betreffende Krankheitsbilder und den damit verbundenen hohen Pflegeaufwand, noch Eltern und Geschwister der kranken Kinder, die ebenfalls unterstützt und entlastet werden müssen. Das alles ist in den Kurzzeitpflegesätzen für den Bereich der Kinderhospize nicht vorgesehen.

Das Kinderhospiz Bärenherz ist ein Ort der Wärme, der Lebensfreude und der Zuversicht. Dort finden Familien mit schwerst- und unheilbarkranken Kindern Aufnahme, deren Lebenserwartung begrenzt ist. Das neu eingerichtete Haus wurde 2002 im April eröffnet. Sonnengelbe Kinderzimmer mit Platz für zwölf Kinder und neuerdings auch Jugendliche sowie fünf großzügige Elternwohnungen stehen für Eltern und Geschwister zur Verfügung. Für die Kinder gibt es ansprechend gestaltete Spielräume und einen Raum zum Entspannen, in dem ein Wasserbett, Lichtspiele und andere Materialien die Sinne anregen.

Im Frühjahr 2002 wurde die Bärenherz-Stiftung gegründet. Sie verfolgt das Ziel, Projekte und Einrichtungen für schwerstkranke und schwerstbehinderte Kinder und Jugendliche und deren Familien zu fördern und zu unterstützen, insbesondere werden Kinderhospize eingerichtet und betrieben. Oberstes Ziel der Stiftung ist es, die Finanzierung des schon bestehenden Kinderhospizes in Wiesbaden nachhaltig zu sichern. Denn nur ein Teil der laufenden Kosten wird durch die Pflegeversicherung/ Krankenkasse getragen. Die Stiftung verfolgt ausschließlich und unmittelbar ge-

meinnützige Zwecke und kann Zuwendungsbestätigungen erteilen, die vom Finanzamt als Steuer mindernd anerkannt werden. Die Zinserträge aus dem Stiftungskapital werden unmittelbar und ausschließlich für die oben genannten Ziele verwendet. Die Bärenherz-Stiftung fördert und unterstützt Projekte und Einrichtungen für unheilbar kranke Kinder, die eine begrenzte Lebenserwartung haben. Hierbei steht die Entlastung der Familien im Vordergrund. Das schwerstkranke, häufig auch schwerstbehinderte Kind, steht im Mittelpunkt des Familienlebens. Häufige Krankenhausaufenthalte, Rund-um-die-Uhr-Pflege und die ständige Sorge darum, das Kind ganz zu verlieren, bedeuten eine große Belastung für die Familie und manchmal auch eine Gefahr für den Arbeitsplatz.

Außer dem Kinderhospiz Bärenherz fördert die Bärenherz-Stiftung besondere Projekte im Kinderheim Bärenherz, eine heilpädagogische Dauerpflegeeinrichtung, die sich der ganzheitlichen Betreuung von Kindern und Jugendlichen mit Behinderung und daraus resultierenden schweren Krankheiten widmet. Das freundliche und geräumige Haus liegt inmitten des Taunus, eingebettet in eine schöne Landschaft. Für Kinder, die auf einen Rollstuhl angewiesen sind, wie fast alle Bewohner, gibt es einen rollstuhlgeeigneten Garten. Eine große Terrasse lädt zum Verweilen ein. Freundliche Nachbarn sind nicht immer selbstverständlich. Hier gibt es sie. Von allen Fenstern aus erblicken die Kinder Wiesen, Waldrand, Pferdekoppeln, Rapsfelder oder den hübschen Ort Laufenselden. Im Kinderheim Bärenherz im Rheingau-Taunus-Kreis leben 27 schwerstkranke, mehrfach behinderte Kinder im Alter zwischen 0 und 18 Jahren. Vier Wohngruppen verfügen jeweils über einen geräumigen Tagesraum, Doppel- oder Einzelschlafzimmer, ein bis zwei Badezimmer mit Therapiebadewannen und entsprechende Toiletteneinrichtungen. Vier Therapieräume dienen der Förderung und Entspannung. Außerdem

gibt es auch hier einen Snoezelenraum mit Wasserklang-
bett und Lichtsäulen. Für die Eltern und Angehörigen steht
ein Gästezimmer mit Bad und Teeküche bereit. Hier haben
sie die Möglichkeit, im Kinderheim Bärenherz zu übernachten oder sich bei Besuchen mit ihren Kindern zurückzuziehen. Die enge Finanzierung durch öffentliche Mittel lässt
keinen Raum für Herzenswünsche, wie etwa neue therapeutische Spielgeräte oder eine gemeinsame Freizeit am
Meer. Solche Projekte werden daher von der Bärenherz-
Stiftung finanziert, wenn es die Spendenmittel erlauben.

Am Stadtrand von Wiesbaden befindet sich das Lebenswäldchen Bärenherz. Hier, in der ländlichen Abgeschieden-
heit des Ortsteils Auringen, entstand ein Ort der Stille und
der Besinnung, an dem Eltern für ihre verstorbenen Kinder,
die im Hospiz betreut wurden, einen Baum pflanzen können. Auch finden hier vom Kinderhospiz organisierte Er-
innerungstreffen und besinnliche Zusammenkünfte statt.
Pflege und Unterhalt des Lebenswäldchen Bärenherz sowie
die Beschaffung der zu pflanzenden Bäume erfolgt durch
Spendenmittel.

Bärenherz Leipzig –
das kranke Herz der kleinen Clara
schenkt unendliche Liebe

Clara ist ein Mädchen mit Down-Syndrom, geboren im Dezember 1999. Blond, frech, selbstbewusst. Clara lebt mit ihrer Schwester Anne und ihren Eltern Kathrin und Mario in Leipzig. Als ich mit Claras Mutter ins Gespräch komme und nach Claras Krankengeschichte frage, beginnt Kathrin zu erzählen: „Clara hat einen kompletten AVSD. Das ist ein komplexer angeborener Herzfehler, aber mit so vielen Besonderheiten, dass an eine Korrektur nicht zu denken ist. Es waren viele Operationen geplant, die ihr im Ergebnis ein fast normales Leben ermöglichen sollten. Nur gelingt nicht alles, was man sich wünscht – wie in unserem Falle. Und so sind die Operationen nicht so erfolgreich verlaufen wie sie gewünscht waren." In erster Linie ist Clara ein Mädchen, das ein Chromosom zuviel hat. Das 21. Chromosom ist bei Kindern mit Down-Syndrom dreimal anstelle wie üblich zweimal vorhanden. Kathrin schmunzelt etwas über diese Besonderheit und sie glaubt, dass sich bei Clara auf dem 21. Chromosom ein ‚Freude-Gen' befindet, denn kaum jemand kann sich so unendlich freuen wie Clara.

Clara kann auch in gewissen Situationen sehr stur sein und auch einmal sehr bockig werden, wenn andere Menschen sie nicht verstehen. Sie hat viel zu erzählen und es ist ganz schön anstrengend sie zu verstehen, wenn sie mit ihren Mundbewegungen, ihren Ausdrücken und ihren Gebärden einiges zu erklären versucht. Sie ist auch sehr wissbegierig und lernfreudig. An Clara merkt man, dass sie in erster Linie einfach nur Clara ist, ein Mädchen, das viele Eigenschaften hat wie andere auch. Claras Freude und das sonnige Gemüt kann auch die Beigabe eines so schweren Herzfehlers mit all seinen Auslösern und Tücken nicht trüben. Clara geht es zur Zeit so gut, dass sie von 11 bis 15 Uhr den Kindergarten besuchen kann. „Wir leben mit den Dingen, die sich im bisherigen Verlauf ergeben haben", erzählt mir Kathrin. „Anfangs hat Clara sich nach einer OP mit einem halben Jahr Krankenhausaufenthalt wider Erwartens erholt. Aber durch die zunehmende Herzschwäche versagten dann später die Nieren und sie ist jetzt an der Dialyse. Auch die moderne Medizin hat ihre Grenzen." Die Familie ist im Februar 2004 mit Clara zum Sterben nach Hause gefahren. „Wir haben uns damals praktisch selbst auf eigene Verantwortung entlassen, da nichts mehr ging. Ich dachte, Clara hat das Leben losgelassen." Aber als sie zu Hause waren, ging es wieder bergauf. Die Familie hatte selbst nicht mehr als zwei verbleibende Wochen mit Clara erwartet. Es ging ihr dann für sieben Monate den ganzen Sommer über so gut, dass alle fast doch noch an einen Erfolg glaubten. Clara war besser belastbar als je zuvor, wieder fröhlich, einfach wieder Clara. Sie wuchs gut und nahm sehr gut zu. Einziger Wermutstropfen war, dass keiner wusste, warum. Was lief in diesem kleinen Körper nur ab? So sehr sie sich erholte, brach dann im September desselben Jahres alles zusammen. Clara hatte Wasseransammlungen im Zwischenraum der Lunge und des Zwerchfells. Diese waren nicht in den Griff zu bekommen. „Im Oktober dann atmete nicht nur jeder Muskel von Clara, sondern gleich ihr ganzes Bett, so sehr rang sie nach Luft. Das ganze Bett wackelte. Da hielt ich sie wieder einmal im Arm, sog ihren Anblick förmlich auf, weil ich dachte, sie stirbt", erinnert sich Kathrin. „Aber irgendwie ging es immer wieder weiter, so dass wir Weihnachten und Silvester so schöne Tage verbringen konnten." Im Januar 2005 pumpte dann das Herz kaum noch. Claras Bauch schwoll an, sie war apathisch und hatte keine Kraft mehr. Das Herz erholte sich wieder, aber kurze Zeit später erlitt Clara ein komplettes Nierenversagen. Die Nieren arbeiten überhaupt nicht mehr. Dann ging alles sehr schnell. Clara bekam eine Bauchfelldialyse mittels Katheder durch die Bauchdecke, ein sogenannter PD-Katheter, und Kathrin wurde für die Dialyse zu Hause angelernt. Die Werte wurden besser, aber Claras seelischer Zustand war absolut mies.

Die Familie lebt in einem Ausnahmezustand und lernt hinzu. „Wir haben in der Hinsicht schon so viel durch, dass wir jetzt auch ‚Nein' zu irgendwelchen Therapien oder Dingen sagen können, die wir nicht möchten. Auch wenn es ihr in letzter Zeit öfter körperlich miserabel ging, psychisch hatten wir meist noch unsere Clara. Eine Clara, die Freude hat am Leben und die kämpft! Also kämpfen wir mit. Aber wir wägen ganz genau ab, was wir ihr noch zumuten, da ja der Erfolg bei den meisten Maßnahmen recht fraglich ist. Durch diese schwere Zeit hat der Tod einiges von seinem Schrecken verloren, aber Lebensqualität ganz viel an Wert gewonnen", fügt Mario hinzu. „Vor ein paar Jahren wäre das auch für uns unvorstellbar gewesen."

Mit Clara zu leben ist ein Auf und ein Ab. Wenn es ihr sehr schlecht geht, durchlebt die Familie viele Abschiede. Immer wieder denken sie: Nun ist es soweit, sie schafft es nicht mehr. Aber Clara kommt immer und immer wieder. Für die Familie ist es ein Wandel im Denken. Das ist anstrengend, denn es sind solche Höhen und Tiefen und immer wieder hat man den Tod vor Augen. Man bereitet sich innerlich auf den Tag vor, an dem es passiert, an dem das Kind gehen wird. „An ihren guten Tagen würde niemand über den Tod nachdenken, aber die schlechten haben es in sich. Dadurch haben wir es viel deutlicher vor Augen und die Zeit verrinnt wie Sand zwischen den Fingern, wir können es nicht aufhalten. Aber wir können die Zeit genießen, die uns zusammen noch bleibt", sieht Kathrin ihre Lebenslage. „Ich sehe es jetzt eigentlich sehr gelassen, obwohl ich mir die Zeit ‚danach' nicht wirklich vorstellen kann. Nichtsdestotrotz machen wir auch Pläne für die Zeit ‚danach'", fügt Kathrin hinzu.

Die Initiative Bärenherz Leipzig e.V. ist ein Verein unter dem Dach der Bärenherz Stiftung, der in Leipzig bereits seit November 2005, derzeit noch als Interimslösung, ein Kinderhospiz betreibt. Es ist das erste Kinderhospiz in Sachsen. Die Schirmherrschaft für diese Initiative hat Frau Gabriele Tiefensee übernommen. Ihr Motto ist es, Herzen und Hände zu öffnen für schwerstkranke Kinder und ihre Familien. Dafür möchte sie sich einsetzen. Leben und Sterben in menschlicher Würde und liebevoller Begleitung, dafür steht die Initiative Bärenherz in Leipzig. Im November 2005 wurde die kleine Abteilung des zukünftigen Kinderhospizes als Interimslösung in einem Seitentrakt des Hospizes Advena in Leipzig eröffnet. Dort können bis zu drei Kinder und eine Familie aufgenommen werden. Heike Steinich ist Kinderkrankenschwester und leitet diese kleine Kinderabteilung. Sie betreut unter anderem auch Clara. Claras Eltern, Kathrin und Mario, haben in der Vorweihnachtszeit 2005 die kleine Kinderabteilung tagsüber genutzt, denn es fällt ihnen unendlich schwer, Clara auch nachts aus den Händen zu geben. Die kleine Clara fühlt sich dort sehr wohl und spielt ein wenig Prinzessin, und das auch auf der Erbse, wie ihre Mutter hinzufügt. Heike Steinich ist eigentlich zuständig für den stationären Bereich, betreut Clara aber auch im Tagesbetreuungsangebot ambulant, da Clara sie gut kennt. Für die Eltern gibt es Verwöhnnachmittage, beispielsweise mit Kaffeetrinken, Yoga sowie Massage. Vor allen Dingen ist der Austausch mit anderen betroffenen Familien ganz wichtig. Geplant ist für 2007 ein Neubau für ein Kinderhospiz in Markkleeberg bei Leipzig, wofür als Anschubfinanzierung ca. 1,3 Mio. Euro notwendig sind. Dieses Projekt wird die Bären-herz-Stiftung unterstüt-zen.

Clara starb am 14. März 2007, noch vor Erscheinen dieses Buches. In ihrer Mail an Freunde und Bekannte bitten Kathrin und Mario um eine Spende an die Initiative Bärenherz Leipzig.

Arche Noah Gelsenkirchen – Willkommen an Bord

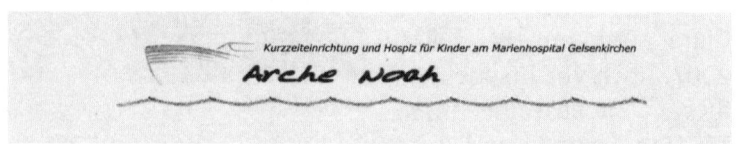

Die Arche Noah Gelsenkirchen ist eine Kurzzeitpflegeeinrichtung und Hospiz für kranke und mehrfach behinderte
Kinder und Jugendliche im Alter von 0 bis 25 Jahren. In
der Arche Noah Gelsenkirchen werden geistig und körperlich schwerstmehrfach behinderte Kinder sowie Kinder mit
progredienten, lebenslimitierenden Erkrankungen, angeborenen oder erworbenen cerebralen Bewegungsstörungen,
Erkrankungen des zentralen Nervensystems und der Mus-
kulatur, angeborenen Stoffwechselerkrankungen mit Auswirkungen auf das Nervensystem betreut.

Bei meinem Besuch in der Arche Noah herrscht eine
sehr familiäre Atmosphäre. Inka Voss ist gelernte Kinderkrankenschwester und hat eine Ausbildung zur Sozialpädagogin absolviert. Zusammen mit dem Leiter der Öffentlichkeitsarbeit, Herrn Uwe von Schirp und der Pflegedienstleitung, Frau Marlen Vortkamp, darf ich das Haus erkunden.
„Anders, als in den anderen Kinderhospizen, sind wir nicht
in einem eigenen Haus untergebracht. Wir befinden uns
hier mit zwei Stockwerken in einem ehemaligen Schwester-
wohnheim. Es wurde 1977 erbaut. Aber wir haben uns hier
sehr häuslich eingerichtet. Und wir fühlen uns hier wohl",
berichtet Inka Voß. Wie in der Arche Noah sitzen hier im
wahrsten Sinne des Wortes alle in einem Boot. „Bei uns er-

fahren Kinder und Jugendliche die Begleitung durch ein hochqualifiziertes Team aus Pädagogen, Therapeuten, Kinderkrankenschwestern und Pflegern. Die Kinder werden pflegerisch und pädagogisch und zum Teil therapeutisch betreut. Dabei stehen die individuellen Bedürfnisse der Kinder im Vordergrund" berichtet Inka Voß. „Unsere Gäste machen hier Urlaub. Damit erfahren die Familien, die aufgrund

Inka Voß

der Krankheit oder Behinderung des Kindes physisch und psychisch in einer dauerhaften Ausnahmesituation sind, eine Entlastung. Wir begleiten die Familien vom Tag der Diagnosestellung an. Dabei wird dann die gesamte Familie eines betroffenen Kindes im Sinne der ursprünglichen Hospizidee durch unser Team begleitet", erzählt Herr von Schirp. Die Arche Noah dient als schützende Oase in kritischen Lebenssituationen. Insbesondere erfahren die Familien eine Begleitung und Hilfestellung in besonders kritischen und bedrohlichen Lebensphasen.

Die Arche Noah bietet ganzjährig 14 Einzelzimmer an, in denen auf Wunsch und sofern es die individuellen Erfordernisse erlauben auch zwei Kinder gleichzeitig wohnen können. Die Gestaltung der Einrichtung greift die Namensgebung ‚Arche Noah' auf: die hellen Tapeten in den Fluren, von denen die Zimmer abgehen, sind am unteren Ende mit blauen Wellen bemalt. Alle Zimmertüren haben Bullaugen als Fenster. Neben einem großen Gemeinschaftsraum gibt es einen Therapie-, Bewegungs- und Spielraum sowie ein Snoezelenzimmer. „In unserem Snoezelenzimmer stellen wir neben den üblichen, fest installierten Dingen wie Wasserbett, Sprudelsäule, Spiegelkugel usw., hin und wieder einen Diaprojektor auf. Wenn wir den Kindern Geschichten vorlesen und zusätzlich die Illustrationen als Dias zeigen, bekommen die Kinder mehr von der Geschichte mit, weil ein zusätzlicher Sinn angesprochen wird", erzählt Inka Voß. „Wir haben auch einen Schwarzlichtraum, der sehr gezielt die Konzentration fördert." In diesem kleinen Zimmer, werden unter Schwarzlicht nur weiße oder neonfarbene Bilder oder Gegenstände sichtbar. Beim Rollenspiel mit einer Handpuppe beispielsweise ist nur das Plüschtier sichtbar. Die Wahrnehmung konzentriert sich auf den einen Gegenstand. Das kann auch ein Bild in Neonfarben sein, das die Mitarbeiter zuvor zusammen mit den Kindern gemalt haben. „Auch zu diesen Bildern erzählen wir den Kindern Geschichten oder singen Lieder." Es ist beeindruckend wie lebendig durch diesen Spezialeffekt beispielsweise eine Raupe wirkt.

Täglich wechselnde Beschäftigungsangebote sind konzeptioneller Bestandteil der Arche Noah. Jede Woche steht unter einem anderen Thema. Die Bandbreite der Angebote ist vielschichtig und reicht von kreativen Tätigkeiten wie Malen oder Basteln über Backen und Kochen, Bewegungsspiele bis hin zu Ausflügen. Unabhängig von den individuellen Fähigkeiten, nehmen alle Gäste an den Angeboten teil. Beim Backen beispielweise können einige Kinder den Teig selbst kneten oder Rührschüssel und Knetmaschine halten, andere nehmen das Geschehen nur durch ihren Geruchssinn wahr. Wichtig ist, dass alle Kinder zusammen am Programm teilnehmen und ein Gemeinschaftserlebnis haben. Im regelmäßigen Angebot finden sich außerdem wöchentlich gemeinsames Singen mit einem pensionierten ehrenamtlich tätigen Musiklehrer, der monatliche Besuch einer Tierfarm mit Kaninchen, Mäusen, Pony und Esel in der Einrichtung sowie ‚Klinikclowns', die die Kinder besuchen und aufheitern. Schwimmangebote im benachbarten Marienhospital finden mehrmals im Jahr statt.

Die Arche Noah verfügt über einen großen Garten mit einer Rollstuhlschaukel, einem Schaukelnest und einem Mini-Wald. Ein Wintergarten ermöglicht auch bei schlechtem Wetter das Empfinden purer Natur im Haus.

Die Arche Noah Gelsenkirchen bietet regelmäßige Gesprächskreise für Eltern

Uwe von Schirp

an, die dem gegenseitigen Kennenlernen, dem Erfahrungsaustausch und der Selbsthilfe dienen. Eine Sozialpädagogin bietet Einzelgespräche an. Außerdem gibt es einen Trauergesprächskreis. Für Eltern, Mitarbeiter aus Facheinrichtungen, Interessierte und die breite Öffentlichkeit bietet die Arche Noah eine kostenlose Fortbildungsreihe, die so genannte Montagsrunde mit unterschiedlichen Themenbereichen an.

Die Aufnahme von Eltern und Geschwistern im Haus ist möglich. Es stehen zwei Gästezimmer für Angehörige zur Verfügung, die bei einer Hospizunterbringung in der letzten Lebensphase des Kindes bezogen werden können. Eltern nutzen das Angebot aber auch, um die Einrichtung und ihre Arbeit vor dem ersten Aufenthalt ihrer Kinder mit ihnen gemeinsam kennen zu lernen. Eine eventuelle ärztliche Versorgung ist gewährleistet durch eine enge Zusammenarbeit mit der Kinderklinik des Marienhospitals Gelsenkirchen. Das Einzugsgebiet der Arche Noah ist nicht auf das Ruhrgebiet begrenzt. „Es beträgt im Kern rund 250 Kilometer bis in die Eifel, nach Hessen und nach

Norddeutschland. Es kommt aber zum Beispiel auch eine Familie aus Karlsruhe zu uns", hebt Uwe von Schirp hervor.

Die Arche bietet den Familien die Vermittlung von Hilfsdiensten vor Ort, eine Kontaktaufnahme zu behandelnden Kliniken und Ärzten an. Wohnortnahe Hilfseinrichtungen stellen dabei einen wichtigen Baustein zur optimalen Versorgung der Kinder dar. Des Weiteren pflegt die Arche in ihrem näheren Einzugsbereich Kontakte zu Behindertenschulen, Kinderärzten, therapeutischen Praxen, Familien unterstützenden Diensten, anderen Hospizen und Kurzzeit-Einrichtungen, ambulanten Pflegediensten und Selbsthilfegruppen. Seit der Eröffnung im Juli 2001 betreut die Arche Noah Gelsenkirchen etwa 350 Familien. Viele Eltern nutzen das Angebot in mehreren, über das Jahr verteilten Kurzzeitaufenthalten. „Notanfragen" können beispielsweise bei der Erkrankung eines Elternteiles, einer sozialen Notsituation, bei Überforderung eines Elternteiles ihre Ursache haben. Die Auslastung ist mit knapp 90 Prozent sehr ausgeglichen. In den Ferien ergibt sich regelmäßig eine lange Warteliste. Voranmeldungen bereits für das übernächste Jahr sind üblich.

Die Aufnahme von Hospizkindern hat ungeachtet der saisonalen Auslastung Priorität. „In den fünf Jahren unseres Bestehens sind 25 Kinder verstorben", berichtet Uwe von Schirp. Ziel sei es, auf der Basis der Begleitung der Familien von der Diagnosestellung an die Eltern zu einer Entscheidung zu befähigen, ob ihr Kind zu Hause die letzte Phase seines Lebens verbringe, was sich viele Eltern wünschen oder ob das Angebot der umfassenden Betreuung und Begleitung des Kindes und der Familie in der Einrichtung in Anspruch genommen werden wolle. Unabhängig wie die Entscheidung ausfällt, werden die Eltern nach dem Tod ihres Kindes individuell weiter betreut und in ihrer Trauer begleitet.

110

Die Arche Noah Gelsenkirchen ist eine eigenständige Einrichtung am Marienhospital Gelsenkirchen. Der Aufenthalt der Kinder wird durch die Pflegekassen und die Landschaftsverbände getragen. Der Förderkreis Kinderhospiz Gelsenkirchen e. V. unterstützt die Arbeit der Arche Noah und sichert ihr über die Pflege hinausgehendes Angebot. Durch das große Engagement des Förderkreises sowie vieler einzelner Personen und Institutionen können die vielfältigen Angebote der Arche Noah erst ermöglicht werden, können medizinische und therapeutische Hilfsmittel gekauft werden und können zusätzliche Fachkräfte finanziert werden. Der Förderkreis ist eine Nahtstelle zu Partnern, Spendern, Sponsoren und der Öffentlichkeit. Damit trägt er maßgeblich zur Bekanntheit der Arche Noah in der Region bei. „Erst kürzlich haben wir in einem regionalen Radiosender einen wunderschönen Satz vernehmen können: Schön, dass es so etwas bei uns gibt", erwähnt Uwe von Schirp nicht ohne Stolz.

Leben wie Mogli – das Kinderhospiz Mitteldeutschland in Nordhausen

 Im gesamten Bundesgebiet leben 22.000 Kinder und junge Menschen mit einer Krankheit, die permanent Schmerzen bereitet und an der sie versterben werden. Aufgrund dieser unveränderten Schicksalslast sehen sich betroffene Familien mit zum Teil unlösbaren Problemen konfrontiert. Neben einer ungeheuren Menge pflegerischer, persönlicher oder auch behördlicher Belastungen spüren sie eine zunehmende soziale Ausgrenzung. Das gewohnte und vertraute Lebensumfeld mit Kollegen, Nachbarn, gar Freunden, wendet sich oftmals in Mitleid ab. Ein normales Leben wird damit den Betroffenen unmöglich. Der Verlauf von beispielsweise Stoffwechsel- oder Muskelkrankheiten oder Krebs bedeutet für die Eltern und Geschwister eine jahrelange, permanente psychische und physische Überlastung. Bis zu 70 Prozent aller Ehen durchleben deshalb extreme Krisen oder zerbrechen, Geschwisterkinder vereinsamen.

Eine Herberge für todkranke Kinder und ihre Angehörigen wird es werden: das Kinderhospiz Mogli der Stiftung Kinderhospiz Mitteldeutschland in Nordhausen. Geborgenheit, Gemeinschaft und Lebensfreude werden die Arbeit dieser Einrichtung bestimmen, um die noch verbleibende Zeit der Familien mit ihrem kranken Kind erfüllt gestalten zu können. Erfahrenes Personal wird jedes sterbenskranke Kind intensiv betreuen und liebevoll pflegen. Das Kinderhospiz Mitteldeutschland soll Wirklichkeit werden. Es ist dringend auf Hilfe angewiesen: 4,8 Millionen Euro werden benötigt, um ein zweites Zuhause für betroffene Familien bauen zu können.

Die ‚Frohe Zukunft' hat eine lange Geschichte hinter sich. In den Jahren 1945 bis 2005 finden in den Einrichtungen der ‚Frohen Zukunft' über 2.400 Kinder und junge Menschen für längere Zeit ein zweites Zuhause. In den 90er Jahren gründet der Heimleiter W. Möhring und der Krimderöder K. Heber einen Freundeskreis des Kinderheimes, deren Mitglieder im November 1992 den Trägerverein Frohe Zukunft Nordhausen e. V. gründen. Im Juni 1993 wird der eingetragene Verein als freier Träger der Jugendhilfe anerkannt. Mitte der 90er Jahre kauft der Verein den villenartigen Gebäudekomplex in der Parkallee Nummer 9. In den Jahren 1996 bis 1998 plant, kauft und saniert der Verein die neue Einrichtung in Rodishain nach modernsten sozialpädagogisch-therapeutischen Gesichtspunkten. Der Träger beschäftigt von da an 55 Mitarbeiter. Im September 2002 wird der Verein Bundesverband Kinderhospiz e. V. gegründet. Gründungsmitglied ist der Verein Frohe Zukunft e. V. Im April 2003 beschließt der Vorstand der ‚Frohen Zukunft' die Erstellung einer Konzeption für die Errichtung eines Kinderhospizes für den Raum Mitteldeutschland. Mit professioneller Unterstützung wird ein sogenanntes ‚Corporate Citizenship Projekt' zur nichtstaatlichen Finanzierung des Aufbaues der Kinderhospizinitiative Mitteldeutschland erarbeitet. Im Januar 2005 gründet der Verein die Stiftung Mitteldeutschland e. V. Ziel der Stiftung ist es, die Schlüsselübergabe für das Haus im Jahre 2007 zu verwirklichen. Das Engagement von uns allen hilft der Stiftung zur Errichtung des Kinderhospizes Mitteldeutschland.

„Die Kinder- und Jugendhospizarbeit ist eine außergewöhnlich wichtige Sache. Folgen Sie bitte meinem Bestreben, den vielen betroffenen Kindern, Jugendlichen sowie ihren Eltern zu helfen, damit ihnen ein zweites Zuhause auf ihrem beschwerlichen Weg zur Verfügung stehen kann."

Peter Sodann, Schauspieler, Regisseur und Botschafter des Kinderhospizes Mitteldeutschland

Zeit haben – zuhören – da sein – der Kinderhospizdienst des Landkreises Esslingen

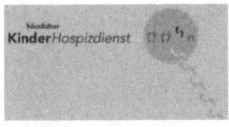 Zeit haben, zuhören, da sein – das sind die obersten Gebote des häuslichen Kinderhospizdienstes des Landkreises Esslingen. Der häusliche Kinderhospizdienst zählt zur katholischen Gesamtkirchengemeinde Kirchheim/Teck in Baden-Württemberg und dem Malteser Hilfsdienst und besteht seit 1998. Der Dienst ist eine Akut-Anlaufstelle zum Thema Kind und Tod. Die Hilflosigkeit beim Sterben und dem Tod eines Kindes lähmt viele Menschen. Gefühle von Wut, Ohnmacht, verzweifeltem Kampf, Hoffnung und Bangen, Mut und Verzweiflung kommen auf. Nichts ist nach der Diagnose ‚unheilbar krank' oder dem Tod eines Kindes mehr, wie es war. Vieles wächst den Angehörigen über den Kopf. Fragen über Fragen tauchen auf und niemand oder nur wenige im äußeren Umfeld können Beistand leisten und hilfreich mit anpacken. Wenige sind in der Lage, den Weg mitzugehen. Ziel des häuslichen Kinderhospizdienstes ist es, diese Hilflosigkeit abzubauen, das Umfeld der Kinder und Familien zu stärken, das sterbende Kind und die Angehörigen zu begleiten. Die Familien zu entlasten und zu unterstützen wann, wo und wie es auch immer geht. Ziel ist es, die schwierige Situation zu meistern und, sowohl während als auch nach der schwierigen Zeit so gut es geht weiterleben zu können. Der häusliche Kinderhospizdienst geht diesen schwierigen Weg mit.

Der häusliche Kinderhospizdienst Esslingen hat ehrenamtliche Helfer befähigt. Er nennt sie Patinnen und Paten. Es sind Frauen und Männer aus unterschiedlichen Altersgruppen, mit verschiedenen Konfessionen und Weltanschauungen. Sie haben ganz unterschiedliche Berufe. Sie erledigen ihre Aufgaben freiwillig und ehrenamtlich und stehen unter Schweigepflicht. Sie wurden intensiv auf ihre Aufgaben vorbereitet. Sie treffen sich regelmäßig, um Erfahrungen auszutauschen, um Probleme zu besprechen, um Gemeinschaft und Hilfe in der Gruppe zu erleben und um sich fortzubilden. Im Jahr 2000 wurden vier Familien mit schwerstkranken und sterbenden Kindern begleitet. Zwei der Kinder starben während der Betreuung. Im Jahr 2003 wurden 13 Familien mit schwerstkranken und sterbenden Kindern begleitet, unter anderem wurden Kinder begleitet, bei denen Angehörige im Sterben lagen oder gestorben sind. Im Jahr 2004 wurden sechs Familien mit sterbenskranken Kindern begleitet und auch Kinder, bei denen Angehörige im Sterben lagen oder gestorben sind. Immer wieder in den Jahren werden Patinnen und Paten ausgebildet. Im Herbst 2004 haben beispielsweise 15 Frauen die Ausbildung zur Patin abgeschlossen.

Der Kinderhospizdienst bietet einen „Runden Tisch" an, an dem Kinderärzte, Kinderkrankenschwestern, Klinikseelsorger, Sozialarbeiter, Psychologen, Mitarbeiter von Beratungsstellen, Patinnen und Betroffene teilnehmen.

Der häusliche Kinderhospizdienst hält Gottesdienste ab, in dem an die verstorbenen Kinder gedacht wird, oder auch an Eltern, die gestorben sind. Es wird um Kraft und Hilfe für die Familien gebetet, die begleitet wurden und werden.

Eine Gruppe für trauernde Kinder gibt es auch beim häuslichen Kinderhospizdienst. Unter dem Motto „Ich vermisse dich" treffen sich Kinder im Alter von 5 bis 12 Jahren, um einen Tag miteinander zu verbringen. Durch Malen, Basteln, Singen, Tanzen, Spielen, zusammen Geschichten hören, Filme anschauen, spazieren gehen, zusammen essen und viele Unternehmungen mehr, soll das Ziel erreicht werden, die Erinnerung an den Verstorbenen so zu behalten, dass ein Leben ohne ihn trotzdem gut werden kann. Die Gruppen sind klein gehalten und werden nach Alter und Traueranlass zusammengestellt. Mit so einem Tag haben die betroffenen Kinder, die einen Angehörigen verloren haben, das Gefühl, sie befinden sich mit ihrem Kummer nicht allein auf der Welt. Anderen geht es genauso wie ihnen. Eine Gruppe mit gleich Betroffenen ist eine große Bereicherung und eine große Hilfe.

Wir tun etwas –
der Kinderhospizdienst Erlangen

Hospiz Verein Erlangen e.V.

Nur durch Spenden und Erlöse aus Veranstaltungen kann sich der Kinderhospizdienst Erlangen an der Friedrich-Alexander-Universität Erlangen-Nürnberg über Wasser halten. Mitgliedsbeiträge sowie Unterstützung durch die Universitätsklinik tragen ein Weiteres dazu bei. Wer dem Verein hilft, tut etwas für schwerstkranke Kinder und Jugendliche. Der Verein bietet betroffenen Familien aus dem Raum Erlangen eine ganzheitliche Begleitung von schwerstkranken und sterbenden Kindern sowie ihren Angehörigen. Bei Bedarf vermittelt der Verein auch Kontakte über den Erlanger Raum hinaus.

Die ehrenamtlichen Hospizhelferinnen und Hospizhelfer, die mit dem Sterben vertraut sind, geben lebenspraktische Hilfen und sind zum Gespräch bereit. Sogenannte „Brückenschwestern" der Kinderklinik beraten Eltern, Pflegende und Helfer vermitteln Sicherheit. Ärztinnen und Ärzte der Kinderklinik und einer vorhandenen Schmerzambulanz unterstützen die niedergelassenen Kinderärzte und die Eltern bei der medizinischen häuslichen Versorgung. Und selbst verwaiste Eltern kümmern sich um die Menschen, die Abschied nehmen. Eine seelsorgerische Begleitung knüpft an die Fragen an, die im Spannungsfeld zwischen Leben und Tod entstehen und hilft, Vertrauen und Geborgenheitsgefühle zu stärken. Psychologinnen und Psychologen unterstützen bei der emotionalen und psychischen Auseinandersetzung mit der sehr belastenden Situation. Sozialpädagoginnen und Sozialpädagogen beraten bei psychosozialen und sozialrechtlichen Fragen. Trauerbegleiterinnen und Trauerbegleiter sprechen mit den verwaisten Eltern, Geschwistern und anderen trauernden Angehörigen und stehen ihnen auch nach dem Tod des Kindes bei.

All diese Menschen sind Frauen und Männer, denen die Situation von sterbenden Kindern und ihren Familien vertraut ist. Sie helfen dabei, dass betroffene Kinder und Jugendliche ihr Leben bis zuletzt als lebenswert empfinden. Dabei unterstützen sie die Lebensumstände einer Familie, die ein schwerstkrankes Kind versorgt. Sie leisten Beistand, wenn die Familien mit der Krankheit und dem Tod konfrontiert werden. Oberster Grundsatz des Kinderhospizdienstes Erlangen ist ein zugewandtes, achtungsvolles und ganzheitliches Begleiten in der letzten Zeit des Lebens von Kindern und Jugendlichen. Die Würde des Kindes zu achten, heißt für jeden der ehrenamtlichen Helferinnen und Helfer, es zu jeder Zeit als Peson ernst zu nehmen. Dazu gehören für das Kind Schmerzfreiheit so weit als möglich und der vertraute Umgang mit der Familie, mit Freunden und mit Helfern. Auch nach dem Tod eines Kindes können die Angehörigen unabhängig von ihren Weltanschauungen und entsprechend ihren Bedürfnissen beim Kinderhospizdienst Erlangen Verständnis finden.

Benefiz zugunsten Hospiz – das Katharinenhospiz am Park in Flensburg

Das Katharinenhospiz am Park in Flensburg hat als ambulanter Kinderhospizdienst seine Türen im Juni 2004 geöffnet. Bei meinem Besuch im Herbst 2005 ist gerade Basarzeit im Haus des Katharinenhospizes. Es hat hier alles schon ein wenig dänischen Charakter. Die Einrichtung liegt nicht weit entfernt von der dänischen Grenze. Das weiße Haus mit dunkelgrünen Fensterrahmen und seinen gemütlichen Räumlichkeiten ist wie eine große Wohngemeinschaft. Hier werden nur Erwachsene aufgenommen, für die Kinder und Jugendlichen steht der ambulante Dienst in einem Nebengebäude zur Verfügung.

Das Katharinenhospiz am Park ist eine gemeinsame Einrichtung der beiden Flensburger Krankenhausträger Malteser St. Franziskus und der Ev.-Luth. Diakonissenanstalt zu Flensburg. Das Hospiz hat den Auftrag, einen bewussten und würdevollen Umgang mit Sterben, Tod und Trauer in der Gesellschaft zu fördern, zu unterstützen und zu ermöglichen. Dabei stellen Palliativmedizin und Palliative Care die praktischen medizinischen und pflegerischen Grundlagen dar. Bereits 1992 hatte das Hospiz eine Palliativstation für schwerkranke und sterbende Menschen im Erwachsenenalter. Erstmals kam aber ein kleiner Junge im Alter von sieben Jahren in den Jahren 2002/2003 auf die Palliativstation des Katherinenhospizes am Park. „Tom befand sich neun Monate auf der Station", erläutert mir die Leiterin Frau Hannelore Ingwersen. „Den Mitarbeitern wurde schnell klar, dass keine ausreichende Versorgung für Kinder in der Region vorhanden war. Als über Tom in den Medien berichtet wurde, kamen viele Reaktionen von der

Öffentlichkeit." Die Menschen waren mobilisiert und halfen mit, einen ambulanten Kinderhospizdienst zu gründen. Eine erfahrene Kinderkrankenschwester wurde gefunden und Räume für Beratung und Gruppenarbeit in einem Nebengebäude des bereits vorhandenen Hospizes für Erwachsene eingerichtet. Es ist nach dem Jungen benannt: Tom-Christiansen-Haus.

Seit Sommer 2004 werden nun Kinder mit gering zu erwartender Lebensdauer sowie schwerstbehinderte Kinder nebst Eltern und Geschwisterkindern im ambulanten Dienst betreut. Eine Trauerbegleitung findet für Eltern und Geschwister über den Tod des Kindes hinaus statt. Kinder, die einen Angehörigen verloren haben, werden ebenso betreut. Neben dieser sehr eingebundenen Arbeit bietet der ambulante Kinderhospizdienst Schulungen von ehrenamtlichen Mitarbeitern zur Begleitung kranker und trauernder Kinder in der Region Schleswig-Holstein an. Das Hospiz kooperiert mit allen, die mit schwerkranken und sterbenden Kindern arbeiten und betreibt einen regen Erfahrungsaustausch. Auch arbeitet das Hospiz mit dem Kinderhospiz Sternenbrücke in Hamburg zusammen, wenn es um eine stationäre Versorgung eines Kindes oder Jugendlichen geht.

Eine Freundin und Interessierte des ambulanten Kinderhospizdienstes in Flensburg überlegte sich einmal, was sie persönlich für Hospizeinrichtungen tun könnte. Als Schleswig-Holsteinerin war sie auf der Suche nach einem Kinderhospiz in ihrer Nähe gewesen, um vom Leben bedrohte Kinder zu unterstützen. So organisierte sie mit 14 Helfern einen Rock-Abend, der in einem Dorfgemeinschaftshaus stattfand. Der Bürgermeister stiftete die Miete für die Räumlichkeiten des Hauses, die an diesem Abend fällig war. Ein lieber Bekannter entwarf Eintrittskarten und kleine Plakate, die in einer benachbarten örtlichen Druckerei mit Rabatt vervielfältigt werden konnten. Getränke und Grillwurst erhielt das Organisationsteam von einem benachbarten Supermarkt. Der Marktleiter unterstützte alle tatkräftig. Die Vorverkaufsstellen, die den Verkauf der Konzertkarten übernahmen, ein Tabakladen, die benachbarte Druckerei sowie der Supermarkt verzichteten auf die Vorverkaufsgebühren. Ganz ohne Stress gingen die Planungen voran. Bei vielen Anfragen von Interessierten hieß es: „Was ist eigentlich ein Hospiz?" Nötige Aufklärung fehlte ganz gewiss. „Wie? Da kann man einfach so hingehen und sagen: ‚Ich habe die Diagnose, dass ich unheilbar krank bin.' Ich kann da hingehen, dort wohnen und dort sterben?" Ein Anteil nötiger Aufklärung kam dann mit Beginn des Benefizkonzertes, das nach einem langen Musikabend bis spät in die Nacht ganze 2.000 Euro an Reinerlös für den ambulanten Kinderhospizdienst in Flensburg übrig hatte. Eine sehr schöne finanzielle Hilfe für den ambulanten Dienst und gleichzeitig ein wunderschöner gelungener Abend für viele Menschen.

Ein ambulanter Kinderhospizdienst ist für Eltern von lebensbegrenzt erkrankten Kindern eine sehr große Unterstützung. Die Familien können zur Entlastung in ein stationäres Kinderhospiz nur für vier Wochen im Jahr gehen. In den anderen 48 Wochen sind sie mit dem schwerkranken Kind allein zu Hause. Die Familien brauchen dringend ambulante Hilfe. Gerade in der Sterbe- und Trauerphase ist es wichtig, dass die Familien durch ambulante Kinderhospizdienste unterstützt werden.

Bundesverband Kinderhospiz – Dachverband ambulanter und stationärer Kinderhospize

Der Bundesverband Kinderhospiz wurde im Jahr 2002 gegründet. Er ist der Zusammenschluss aller maßgeblichen ambulanten und stationären Kinderhospize und Kinderhospizinitiativen in Deutschland.

Dabei verfolgt der Bundesverband die Ziele, die Kinderhospize zu vernetzen und gemeinsame Qualitätsstandards zu entwickeln und zu sichern. Des Weiteren bündelt, koordiniert und weitet der Bundesverband Kinderhospiz die Bildungsangebote im Bereich der Kinderhospizarbeit aus. Der Verband betreibt Öffentlichkeitsarbeit und setzt sich dafür ein, öffentliche Förderungen und gesetzlich ausreichende Finanzierungen der Kinderhospizarbeit durchzusetzen. Dazu arbeitet er mit politischen Entscheidungsträgern und Behörden auf allen Ebenen zusammen. Inhaltlich setzt er sich für Palliativ-Netzwerke mit Ärzten, Kinderkrankenpflegedienste, Selbsthilfegruppen, Therapeuten, Seelsorgern und Kliniken ein. Der Verband fördert und fordert die qualifizierte Schmerztherapie in der Versorgung von Kindern und Jugendlichen und vertritt die Palliativversorgung von Kindern in Deutschland auf internationaler Ebene.

Sabine Kraft ist seit Juli 2005 als Geschäftsführerin für den Bundesverband Kinderhospiz e.V. tätig. Frau Kraft ist Betriebswirtin und Sozialpädagogin, verheiratet und hat eine erwachsene Tochter. Ihre Berufserfahrungen reichen vom Kinderheim, Stadtjugendpflege, Marketing, Geschäftsführung bis hin zur Vorstandsfrau eines großen Bundesverbands. In Deutschland leben etwa 22.600 Kinder mit lebenslimitierenden Erkrankungen. Jährlich sterben etwa 1500 bis 3000 Kinder an einer solchen Erkrankung, davon etwa 550 an Krebs. Die Krankheitsbilder der Kinder und jungen Menschen sind unterschiedlich. Darunter befinden sich Stoffwechselerkrankungen, schwere Geburtsschäden, genetische Fehlbildungen, schwerste Mehrfachbehinderungen, HIV und Krebs. Kinderhospizarbeit setzt ein, wenn es sich um fortschreitende Erkrankungen mit hoher Sterbewahrscheinlichkeit oder akuter Lebensbedrohung handelt.

Sabine Kraft will das Thema Kinderhospizarbeit in Deutschland bekannter machen, denn viele Menschen denken immer noch, ein Kinderhospiz sei nur ein Haus für die Lebensendphase. „Ich möchte den Menschen näher bringen, dass Kinderhospize, ob ambulant oder stationär, schon eine Begleitung ab der Diagnose von lebenslimitierenden Erkrankungen bei Kindern anbieten. Das Hospiz versteht sich hier im Sinne der Herberge. Eine Herberge, die nicht nur ein Ort für die letzte Lebensphase ist, sondern ein zweites Zuhause darstellt, um die lebensbegrenzt erkrankten Kinder und ihre Familien auf dem Lebensweg zu begleiten, und das ab dem Zeitpunkt der Diagnose bis über den Tod hinaus im Umgang mit der Trauer um die verstorbenen Kinder", schildert Frau Kraft. Dabei wird das gesamte Familiengefüge als untrennbare Einheit betrachtet, denn es werden insbesondere auch Eltern und Geschwisterkinder betreut.

Der Bundesverband setzt sich auch dafür ein, dass alle Kinderhospize eine einheitliche, einfache und ausreichende Finanzierung für Ihre Angebote erhalten, denn die Kinderhospizarbeit ist mit ihrem spezifischen Ansatz und ihren Arbeitsformen nur partiell kompatibel mit den unterschiedlichen Abrechnungsmodalitäten im Gesundheits- und Sozialwesen. So gehört die Begleitung bzw. Mitaufnahme der Eltern und Geschwisterkinder zu den Grundpositionen der Kinderhospizarbeit, finanzieren müssen das die Kinderhospize bis heute nahezu ausschließlich über Spenden. Um alle finanziellen Ressourcen direkt den Betroffenen zukommen zu lassen, fließen alle Spenden direkt an die Kinderhospize. Der föderale Bundesverband arbeitet deshalb mit minimalem Personaleinsatz und großem Einsatz von ehrenamtlichen Mitarbeiterinnen

Deutscher Kinderhospizverein e.V. – Unterstützung und Förderung

Der Deutsche Kinderhospizverein in Olpe hat die Kinderhospizbewegung in Deutschland auf den Weg gebracht. Bereits in den 80er Jahren trat bei mehreren Organisationen der Wunsch auf, Einrichtungen zu schaffen, die ausschließlich unheilbar kranke Kinder und ihre sehr belasteten Familien betreuen und auf ihrem schweren Weg begleiten. Gegründet wurde der Deutsche Kinderhospizverein am 10. Februar 1990 von sechs betroffenen Elternpaaren. Der Verein hat inzwischen fast 1.000 Mitglieder bundesweit. Die Mitglieder sind Familien mit lebensverkürzend erkrankten oder bereits verstorbenen Kindern aus ganz Deutschland, fachlich Interessierte aus verschiedenen Berufen, sowie Menschen, die die Kinderhospizarbeit unterstützen möchten.

Die Aufgaben des Deutschen Kinderhospizvereines sind vielseitig. Man unterstützt die betroffenen Familien und fördert den Austausch unter den Familien durch persönliche Gespräche der haupt- und ehrenamtlichen Mitarbeiter, durch Seminare der eigenen Kinderhospizakademie sowie durch Regionaltreffen. Auf diese Weise möchte man das Potential der Selbsthilfe erschließen und nutzen. Außerdem arbeitet man als Interessenvertretung der betroffenen Familien sowie an der Verbesserung der Versorgungsstrukturen für die Familien, ambulant und stationär, und ist somit politisch unterwegs und betreibt Öffentlichkeitsarbeit. Für fast alle Bereiche der Kinderhospizarbeit wurden Konzepte erarbeitet, die ständig weiterentwickelt werden. Das Wissen und die Erfahrungen aus Sicht der betroffenen Familien werden durch Informationsschriften und Seminare der Kinderhospizakademie an ehrenamtliche und hauptberufliche Mitarbeiter sowie Interessierte weiter gegeben. Außerdem werden bundesweit Kinderhospizprojekte finanziell unterstützt. Ziel des Vereins ist es immer, nur Angebote zu schaffen, die aus den Bedürfnissen der betroffenen Familien und deren Umfeld heraus entstehen.

Das erste Vereinsprojekt war die Errichtung eines Kinderhospizes nach dem englischen Vorbild des Helen House in Oxford. Gemeinsam mit der GFO – Gemeinnützige Franziskanerinnen zu Olpe – wurde das Kinderhospiz Balthasar in Olpe errichtet. Das im September 1998 als erstes Kinderhospiz in Deutschland eröffnete Kinderhospiz Balthasar in Olpe wird vom Deutschen Kinderhospizverein liebevoll unser Patenkind genannt. Bis 2003 unterstützte der Verein dieses Haus finanziell in erheblichem Maße und brachte sich inhaltlich in die Arbeit des Hauses ein. Ab 2004 hat sich der Verein neu ausgerichtet, da in der Kinderhospizbewegung noch weitere wichtige Bereiche auf Wunsch der betroffenen Familien aufgebaut werden mussten. Dazu zählen Aufbau und Vernetzung ambulanter Kinderhospizdienste, Aufbau der Kinderhospizakademie. Für sein Patenkind leistet der Verein aber immer noch projektbezogene Förderungen und unterhält den behindertengerechten Kleinbus.

Die projektbezogene Förderung können übrigens auch die inzwischen an anderen Orten eröffneten stationären Kinderhospize beim Deutschen Kinderhospizverein beantragen, genauso wie einen Kostenzuschuss bis maximal 50.000 EUR für die Bau- und Einrichtungskosten des Abschiedsbereichs in diesen Häusern. Davon machten die stationären Kinderhospize in Hamburg, Berlin, Syke (bei Bremen), Düsseldorf und Memmingen bereits Gebrauch. Zusätzlich bezuschusst der Verein in Einzelfällen auch die Kosten von pädagogischen Fachkräften in den stationären Kinderhospizen.

Im Jahr 2004 begann der Deutsche Kinderhospizverein mit dem Aufbau und der Vernetzung von ambulanten Kinderhospizdiensten in Deutschland. Er kommt damit den Wünschen der betroffenen Familien nach, auch im häuslichen Umfeld eine Begleitung und Unterstützung zu erfahren (ambulant). Aus den Bedürfnissen der Familien und der jahrelangen Erfahrungen in der Kinderhospizarbeit heraus leistet der Verein erneut grundlegende Konzeptionsarbeit. Bisher wurden bereits sechs eigene ambulante Kinderhospizdienste gegründet, weitere befinden sich in Planung. Das Ziel, Träger von 30 ambulanten Kinderhospizdiensten zu werden, soll bis Ende 2007 erreicht sein. Die Begleitung der erkrankten Kinder, der Geschwister und der Eltern zu Hause wird von den Kinderhospizdiensten mit ihren ehrenamtlichen Kinderhospizmitarbeiterinnen geleistet und ist für die Familien kostenfrei. Die Ehrenamtlichen absolvieren einen eigens für ihre Begleitungsarbeit entwickelten Befähigungskurs und werden selbst von der hauptamtlichen Koordinatorin des jeweiligen Dienstes begleitet.

Ein Aufgabenbereich des Vereins ist, wie bereits erwähnt, die Begleitung und Unterstützung der betroffenen Familien sowie die Vermittlung von Ansprechpartnern für betroffene Familien bundesweit. Der Austausch mit Menschen, die sich in der gleichen Situation befinden, ist eine der größten Hilfen, denn in diesen Gesprächen muss nichts erklärt werden. Es entstehen Kontakte für den Alltag, die eine große Hilfe darstellen. Deshalb veranstaltet der Verein zusammen mit der ehrenamtlichen Hilfe von Mitgliedern Regionaltreffen an verschiedenen Orten in Deutschland. Auch ambulante Hilfsangebote am Wohnort können vermittelt werden.

Umfassende Informationen über die Kinderhospizarbeit in Deutschland werden durch die unterschiedlichsten Informationsschriften bereitgestellt. Aber auch das Internet und die Mitgliederzeitschrift „Die Chance" bieten Interessierten viel Wissenswertes. Bundesweite Adressen von Kinderhospizorganisationen, Kinderkrankenpflege, Trauerbegleitung und Elternorganisationen gibt der Verein aus. Auch Informationen über Krankheitsbilder und Adressen von Selbsthilfegruppen zu Krankheiten. Auch Literaturempfehlungen zum Thema Kinder und Familien sowie für Begleiter sind beim Verein erhältlich.

2005 wurde die Kinderhospizakademie gegründet. Sie entstand aus den Bedürfnissen der betroffenen Familien und ihrem Umfeld heraus. Gemeinsam im Austausch mit Betroffenen, ehrenamtlichen und hauptamtlichen Mitarbeiter/innen werden Seminare weiterentwickelt und neu konzipiert. Dadurch kann man den betroffenen Familien Begegnungsmöglichkeiten anbieten.

Hier eine beispielhafte Aufzählung der Seminare: Workshops für lebensverkürzend erkrankte Kinder, Seminare für Geschwister, Väter und Mütter, Familienseminare, Begegnungstage für Großeltern sowie Seminare für trauernde Eltern.

Der Verein bietet Aus- und Fortbildung für Hospizmitarbeiter und beruflich Interessierte, beispielsweise für Lehrer mit den Themen:

Wie sterben Kinder?

Wie gehen Kinder mit dem Tod um?

Wie kann man mit Kindern über den Tod sprechen?

Was haben die Kinder für Bedürfnisse?

Welche Unterstützung brauchen Geschwister?

Wie kann man die Eltern entlasten?

Wie gehe ich als Mitarbeiter mit meiner eigenen Trauer um?

Zum ersten Mal veranstaltete der Deutsche Kinderhospizverein am 14. und 15. Oktober 2005 die 1. Deutschen Kinderhospiztage in Köln. Es war eine Tagung unter der Schirmherrschaft des ehemaligen Sozialministers Norbert Blüm. Herr Blüm engagiert sich seit Jahren für die Hospizbewegung. Die Tagung bot einen umfassenden Überblick über die Kinderhospizarbeit, sowohl in Deutschland als auch in England, denn neben bekannten Hauptreferenten wie Dr. Franco Rest, Professor für Erziehungswissenschaften und Sozialethik aus Dortmund, Professor Christel Bienstein, Leiterin des Instituts für Pflegewissenschaft der Universität Witten-Herdecke, war auch Sister Frances Dominica anwesend. Sie ist die Gründerin des weltweit ersten Kinderhospizes in Oxford/England. Betroffene Familien, mehrere hundert Experten sowie Aktive aus der Hospizarbeit diskutierten an diesen beiden Tagen über den Stand der Kinderhospizarbeit. Die Tagung lief unter dem Motto „Begleitung auf dem Lebensweg". Alle Teilnehmer konnten ein breites Spektrum aus der Kinderhospizarbeit kennen lernen und sich einen umfassenden Überblick über den bis dahin vorhandenen Stand der Kinderhospizbewegung machen. In Referaten und Workshops und fünfzehn verschiedenen Foren zum Austausch wurden Konzepte der Kinderhospizarbeit vorgestellt. In den Foren ging es beispielsweise um die Möglichkeiten der Begleitung schwerkranker Kinder, um die stationäre und ambulante Kinderhospizarbeit, um die spirituelle Begleitung von Kindern und ihren Familien, um den Umgang mit Sterben und Tod in der Schule.

Gedenktag –
Tag der Kinderhospizarbeit

Der Deutsche Kinderhospizverein hat anlässlich der 1. Deutschen Kinderhospiztage im Oktober 2005 den „Tag der Kinderhospizarbeit" ausgerufen. Dieser Gedenktag findet jährlich wiederkehrend am 10. Februar statt. Der bundesweite Tag der Kinderhospizarbeit wurde erstmalig am 10. Februar 2006 abgehalten. Er soll auf die Situation lebensverkürzend erkrankter Kinder und deren Familien aufmerksam machen. Dieser Tag wurde gewählt, da sich am 10. Februar 1990 betroffene Familien im Deutschen Kinderhospizverein zusammenschlossen, um das Thema schwerstkranke und sterbende Kinder aus einem Tabubereich herauszuholen und an die Öffentlichkeit zu gehen.

Am Tag der Kinderhospizarbeit sollen bundesweit Unterstützer, betroffene Familien, Initiativen, ambulante und stationäre Kinderhospize die Bevölkerung durch eigene Aktionen auf das Thema aufmerksam machen. Das können Vorträge, kirchliche Veranstaltungen, Lesungen, Sponsorenläufe oder andere kreative Programme sein. Ganz wichtig ist dabei, auch die Familien mit kranken und verstorbenen Kindern in diesen Gedenktag einzubeziehen.

Alle Menschen, die sich für das Thema Kinderhospizarbeit interessieren, tragen an diesem Tag grüne Bänder der Hoffnung zum Zeichen der Verbundenheit. Es stellt ein sichtbares Zeichen der Solidarität mit den schwerstkranken Kindern und deren Familien dar. Das gemeinsame Band soll die betroffenen Familien mit Freunden und Unterstützern symbolisch verbinden. Die Bänder hängen beispielsweise in Fenstern, an Autoantennen oder an Bäumen.

Danksagung

Mein besonderer Dank gilt allen Institutionen und privaten Menschen – insbesondere den Patientenkindern, Geschwisterkindern, Eltern und Angehörigen in den Kinderhospizen und den ambulanten Diensten – für die Offenherzigkeit, die Gespräche, die Bereitstellung von Material, die Ausgabe von Informationen und die Möglichkeit von persönlichen Einblicken in die Einrichtungen und in die Arbeit. Besonders danken möchte ich meinem Mann Rolf und meiner Tochter Loreen, die mir eine zeitaufwändige Reise durch die Hospize ermöglichst haben und mich bei meiner Arbeit sehr unterstützt haben. Mein größter Dank gilt meiner Tochter Louise, durch die ich überhaupt erst auf den Weg zur Hospizarbeit gekommen bin.

Adressen und Kontakte

Kontaktstellen/Hilfe für Familien mit behinderten und kranken Kindern, Jugendlichen und jungen Erwachsenen

Heller Stern
Schleswig-Holstein e. V.
Eichenweg 5
25782 Süderdorf-Lüdersbüttel
Telefon-Nr.: 04838-704819
Telefax-Nr.: nicht vorhanden
Homepage:
www.Heller-Stern-SH.com
Email: HellerSternSH@aol.com

Internet – Bärchen e. V.
Oliver Berger
Blombach 17
42369 Wuppertal
Telefon-Nr.: 0173-2803333
Telefax-Nr.: 0202-509740
Homepage:
www.kids-ambulance.de
www.kindernotfallseelsorge.de
Email: Oliver.Berger@telebel.de
Spendenkonto/Bank:
Stadtsparkasse Wuppertal
BLZ: 33050000
Konto-Nr.: 713131

Kontaktstellen für
Kinder- und Jugendhospizarbeit

Bundesverband Kinderhospiz
e. V.
Antoniterstr. 13
79106 Freiburg

Telefon-Nr.: 0180-5587687
Mobil: 0171-7273350
Fax-Nr.: 0761-7661726
Homepage:
www.bundesverband-
kinderhospiz.de
Email:
info@bundesverband-
kinderhospiz.de
Email:
info@bundesverband-
kinderhospiz.de
Spendenkonto/Bank:
Sparkasse Olpe
BLZ: 462 500 49
Konto-Nr.: 29 0 33

Deutscher Kinderhospizverein
e.V.
Bahnhofstraße 7
57462 Olpe
Telefon-Nr.: 02761-969555
Telefax-Nr.: 02761-969556
Homepage:
www.deutscher-k
inderhospizverein.de
Email:
info@deutscher-
kinderhospizverein.de
Spendenkonten/Bank:
Sparkasse Olpe
BLZ: 462 500 49
Konto-Nr.: 18000372

Volksbank Olpe
BLZ: 46260023
Konto-Nr.: 224700700

Stationäre Kinderhospiz-einrichtungen

**Kinderhospiz
Regenbogenland e. V.**
Torfbruchstr. 25
40625 Düsseldorf
Telefon-Nr.: 0211 – 6101950
Telefax-Nr.: 0211 – 61019579
Homepage:
www. kinderhospiz-regenbogen-land.de
Email: kinderhospiz@aol.com
Spendenkonten/Bank:
Stadt-Sparkasse Düsseldorf
BLZ: 30050110
Konto-Nr.: 10 330 900

Deutsche Bank 24 Düsseldorf
BLZ: 30070024
Konto-Nr.: 632412360

Kinderhospitz Sternenbrücke e. V.
Sandmoorweg 62
22559 Hamburg
Telefon-Nr.: 040/819912 0
Telefax-Nr.: 040/819912 50
Homepage:
www.sternenbruecke.de
Email: info@sternenbruecke.de
Spendenkonto/Bank:
Hamburger Sparkasse
BLZ: 20050550
Konto-Nr.: 1343/500 110

Kinderhospiz Löwenherz e. V.
Hauptstraße 45
28857 Syke
Telefon-Nr.: 04242-5925-0
Telefax-Nr.: 04242-5925-25
Homepage:
www.kinderhospiz-loewenherz.de
Email:
info@kinderhospiz-loewenherz.de
Spendenkonto/Bank:
Kreissparkasse Syke

BLZ: 29151700
Konto-Nr.: 1110099999

Kinderhospiz Balthasar e. V.
Maria-Theresia-Str. 30 a
57462 Olpe
Telefon-Nr.: 02761-926540
Telefax-Nr.: 02761-926555
Homepage:
www.kinderhospiz-balthasar.de
Email:
info@kinderhospiz-balthasar.de
Spendenkonten/Bank:
Sparkasse Olpe
BLZ: 46250049
Konto-Nr.: 5454
Bank: Pax-Bank Köln
BLZ: 37060193
Konto-Nr.: 13014

Kinderhospiz SONNENHOF e. V.
Björn Schulz STIFTUNG
Wilhelm-Wolff-Strasse 38
13156 Berlin
Telefon-Nr.: 030-39899850
Telefax: 030-39899899
Homepage:
www.sonnenhof-berlin.de
E-Mail:
sonnenhof@bjoern-schulz-stiftung.de
Spendenkonten/Bank:
Berliner Sparkasse
BLZ: 10050000
Konto-Nr.: 780008006

Bank: Berliner Volksbank
BLZ: 10090000
Konto-Nr.: 5329151001

Kinderhospiz Bärenherz
Informationen und Kontakt für betroffene Eltern
Frau Fachinger
Bahnstr. 9 c
65205 Wiesbaden-Erbenheim
Telefon-Nr.: 0611-97620999

134

Telefax-Nr.: 0611-9762069
Homepage: www.baerenherz.de
Email:
fachinger@wiesbadener-
hospizgesellschaft.de

Stiftung Bärenherz
Informationen für an der Stiftung
Interessierte:
Frau Orth
Ehrengartstr. 15
65201 Wiesbaden
Telefon-Nr.: 0611-1828384
Telefax-Nr.: 0611/1828365
Homepage: www.baerenherz.de
Email: orth@baerenherz.de
Spendenkonto/Bank:
Wiesbadener Volksbank
BLZ: 510 900 00
Konto-Nr.: 70700

Initiative Bärenherz Leipzig e. V.
Ambulanter und stationärer Kin-
derhospizdienst Bärenherz
Kindstr. 6
04177 Leipzig
Telefon-Nr.:
ambulant: 0341-4800191
Telefax-Nr.:
stationär: 0341-4862720
Homepage: www.baerenherz.de
Email: baerenherz-
leipzig@web.de
Spendenkonto/Bank:
Sparkasse Leipzig
BLZ: 86055592
Konto-Nr.: 1101000011

Arche Noah
Kurzzeitpflege und Hospiz für
Kinder und Jugendliche am Ma-
rienhospital
Virchowstr. 120
45886 Gelsenkirchen
Tel.-Nr.: 0209-1722000
Fax.-Nr.: 0209-1722026
Homepage:

www.st-augustinus.de/Arche
Email:
archenoah@st-augustinus.de
Spendenkonto/Bank:
Sparkasse Gelsenkirchen
Konto-Nr.: 104999000
BLZ: 42260001

St. Nikolaus – süddeutsches
Kinderhospiz
Kinderhospiz im Allgäu e.V.
Ansprechpartner:
Marlies Breher
Kramerstraße 28
87700 Memmingen
Telefon-Nr.: 08331-985030
Telefax-Nr.: 08331-985031
Homepage:
www.kinderhospiz-allgaeu.de
Email:
info@kinderhospiz-allgaeu.de
Spendenkonten/Bank:
VR-Bank Memmingen
BLZ: 73190000
Konto-Nr.: 1337890

Sparkasse Memmingen-Lindau-
Mindelheim
BLZ 731 500 00
Konto-Nr. 10229706

Stationäre Kinderhospize in Planung

Frohe Zukunft Nordhausen e.V.
Kinderhospiz Mogli
Förderverein: Stiftung Kinder-
hospiz Mitteldeutschland e.V.
Ansprechpartner:
Klaus-Dieter Heber
Lützowstr. 2
99734 Nordhausen
Telefon-Nr.: 03631-463377
Telefax-Nr.: 03631-46337811
Homepage:

www.kinderhospiz-mitteldeutsch-
land.de
Email:
info@kinderhospiz-mitteldeutsch-
land.de
Spendenkonto/Bank:
Sparkasse Nordhausen
BLZ: 82054052
Konto-Nr.: 13003000
im Jahr 2007 geplante Eröffnung

Verein Rosenhospiz e. V.
Voßstraße 15 a
19053 Schwerin
Telefon-Nr.: 0385-7788681
Telefax-Nr.: 0385-7788682
Homepage: www.rosenhospiz.de
Email: info@rosenhospiz.de
Spendenkonto/Bank:
Sparkasse Schwerin
BLZ: 14051462
Konto-Nr.: 31605003
Geplante Eröffnung ohne Zeitziel

Ambulante/häusliche Kinderhospizdienste

**Kinderhospizverein
Cuxhaven e. V.**
Lerchenweg 37a
27476 Cuxhaven
Telefon-Nr.: 04721-711124
Telefax-Nr.: 01212-511325592
Homepage:
www.kinderhospiz-cuxhaven.de
Email:
info@kinderhospiz-cuxhaven.de
Spendenkonto/Bank:
Stadtsparkasse Cuxhaven
BLZ: 24150001
Konto-Nr.: 124412

Ambulanter Kinderhospizdienst
Katharinenhospiz am Park GmbH
Mühlenstr. 3
24937 Flensburg

Telefon-Nr.: 0461-5032313
Telefax-Nr.: 0461-5032323
Homepage: ohne Angabe
Email:
hospiz@foni.net
Spendenkonto/Bank:
Nord-Ostsee Sparkasse
BLZ: 21750000
Konto-Nr.: 121014153
V-Zweck: Initiativkreis
Kinderhospiz

**Ambulanter Kinderhospizdienst
Dresden**
Frau Ulrike Bartels
Goetheallee 13
01309 Dresden
Telefon-Nr.: 0351-3146472
Telefax-Nr.: 0351-3146473
Homepage:
www.deutscher-kinderhospizver-
ein.de
Email:
dresden@deutscher-kinderhospiz-
verein.de
Spendenkonto/Bank:
Ostsächsische Sparkasse Dresden
BLZ: 85050300
Konto-Nr.: 3200029195

**Ambulanter Kinderhospizdienst
Gießen**
Frau Michaela Fink
Wingert 18
35396 Gießen-Wieseck
Telefon-Nr.: 0641-5591644
Telefax-Nr.: 0641-5591911
Homepage:
www.deutscher-kinderhospizver-
ein
Email:
giessen@deutscher-kinderhospiz-
verein.de
Spendenkonto/Bank:
Sparkasse Giessen
BLZ: 51350025
Konto-Nr.: 228026962

Ambulanter Kinderhospizdienst
Aachen
Kreis Heinsberg
„Sonnenblume"
Frau Marie-Theres Reichert
Germanusstraße 5
52080 Aachen/Haaren
Telefon-Nr.: 0241-9161669
Telefax-Nr.: 0241-9161711
Homepage:
www.deutscher-kinderhospizver-
ein.de
Email:
aachen@deutscher-kinderhospiz-
verein.de
Spendenkonto/Bank:
Sparkasse Aachen
BLZ:
39050000
Konto-Nr.:
1071499907

Häuslicher Kinderhospizdienst
für den Landkreis Esslingen
Träger: katholische Gesamtkir-
chengemeinde
Kirchheim/Teck
Malteser Hilfsdienst e.V.
Lindachallee 29
73230 Kirchheim/Teck

Akut-Anlaufstelle Kind und Tod:
Telefon-Nr.:
0175-9544964
Homepage:
www.kinderhospizdienst.de
Einsatzleitung: Katharina Steck
Schlierbacher Str.23
73230 Kirchheim/Teck
Telefon-Nr.: 07021-92141-20 (-19)
Email:
info@kinderhospizdienst.de

Georg Hug, Diakon
Lindachallee 29
73230 Kirchheim/Teck
Telefon-Nr.: 07021-9214120

Telefax-Nr.: 07021-9214119
Email:
georg.hug@kinderhospizdienst.de

Spendenkonto/Bank:
KSK Esslingen
BLZ: 611 500 20
Konto-Nr. 8519964
Verwendung:
„Kinderhospizdienst" katholische
Kirchenpflege

Hospiz Verein Erlangen e.V.
Palmstraße 6
91054 Erlangen
Telefon-Nr.: 09131-203121
Telefax-Nr.: 09131-205693
Homepage:
www.hospiz-erlangen.de
Email:
hospizverein.erlangen@t-
online.de
Spendenkonto/Bank:
Stadtsparkasse Erlangen
BLZ: 76350000
Konto-Nr.: 24615
Verwendung:
KHD (Kinderhospizdienst)

Ambulanter Kinderhospizdienst
Hagen
Finkenkampstr. 5
58089 Hagen
Telefon-Nr.: 02331-8039180
Telefax-Nr.: 02331-8039189
Homepage:
www.caritas-hagen.de
Email:
hospiz@caritas-hagen.de
Spendenkonto/Bank:
Bank für Kirche und Caritas eG
Paderborn
BLZ: 47260307
Konto-Nr.: 0691300

Ambulanter Kinderhospizdienst Paderborn
Frau Odilia Wagener
Dessauer Straße 4
33106 Paderborn
Telefon-Nr.: 05251-3988798
Fax-Nr.: 05251-3988799
Homepage:
www.deutscher-kinderhospizverein.de
Email:
paderborn@deutscher-kinderhospizverein.de
Spendenkonto/Bank:
Sparkasse Paderborn
BLZ: 47250101
Konto-Nr.: 30044226

Ambulanter Kinderhospizdienst Köln
Frau Sandra Schoppen
Subbelrather Straße 15 b
50823 Köln
Telefon-Nr.: 0221-5691985
Telefax-Nr.: 0221-5691987
Homepage:
www.deutscher-kinderhospizverein.de
Email:
koeln@deutscher-kinderhospizverein.de
Spendenkonto/Bank:
Kölner Bank
BLZ: 37160087
Konto-Nr.: 92993301

Ambulante Kinder- und Jugendhospizarbeit
Malteser Hilfsdienst e. V.
Mainaustr. 45
97082 Würzburg
Telefon-Nr.: 0931-4505225
Telefax-Nr.: 0931-4505229
Homepage:
www.malteser-wuerzburg.de
Email:
hospizreferat.dioezese.wuerzburg@maltanet.de
Spendenkonto/Bank:
Liga Bank Würzburg
BLZ: 75090300
Konto-Nr.: 103007057
V-Zweck: „Kinderhospiz"

„Sonnenblume"
Ambulante Kinderhospizgruppe des DKHV
Beate Löffler
U. v. Borries-Fiedler
Tüschenbroicher Str. 44
41844 Wegberg
Telefon-Nr.: 02434-3923
Telefax-Nr.: es ist kein Faxanschluss vorhanden
Homepage:
www.deutscher-kinderhospizverein.de
Email:
utafiedler@hotmail.com
Spendenkonto/Bank:
Sparkasse Olpe
BLZ: 46250049
Konto-Nr. 18000372
V-Zweck: Sonnenblume

Ambulanter Kinderhospizdienst Recklinghausen
Herr Jens Schneider
Königswall 28
45657 Recklinghausen
Telefon-Nr.: 02361-9383080
Telefax-Nr.: 02361-9383082
Homepage:
www.deutscher-kinderhospizverein.de
Email:
recklinghausen@deutscher-kinderhospizverein.de
Spendenkonto/Bank:
Sparkasse Vest Recklinghausen
BLZ: 42650150
Konto-Nr.: 90207986

Ambulanter Kinderhospizdienst Hannover
Frau Sibylle Esenwein
Petersstr. 1 – 2
30165 Hannover
Telefon-Nr.: 0511-3585449
Telefax-Nr.: 0511-35854-32
Homepage:
www.asb-hannover.de
Email:
s.esenwein@asb-hannover.de
Spendenkonto/Bank:
Bank für Sozialwirtschaft Hannover
BLZ: 25120510
Konto-Nr.: 260
V-Zweck:
Spendenkonto Kinderhospiz

Ambulanter Kinderhospizdienst Bonn Rhein-Sieg
Frau Lissy Wedding
Markt 19 – 20
53721 Siegburg
Telefon-Nr.: 02241-1275304
Telefax-Nr.: 02241-1275306
Homepage:
www.deutscher-kinderhospizverein.de
Email:
bonn.rhein-sieg@deutscher-kinderhospizverein.de
Spendenkonto/Bank:
Kreissparkasse Köln
BLZ: 37050299
Konto-Nr.: 1200401

Ambulanter Kinderhospizdienst im Kreis Minden-Lübbecke
Frau Elisabeth Glücks
Fischerallee 3 a
32423 Minden
Telefon-Nr.: 0571-88804282
Telefax-Nr.: 0571-88804284
Homepage:
www.hospizkreis-minden.de
Email:

hospizkreis-minden@deutscher-kinderhospizverein.de
Spendenkonto/Bank:
Sparkasse Minden-Lübbecke
BLZ: 49050101
Konto-Nr.: 40111791

Ambulanter Kinderhospizdienst Kreis Unna und Hamm
Frau Carla Bieling
Käthe-Kollwitz-Ring 59
59423 Unna
Telefon-Nr.: 02303-942490
Telefax-Nr.: 02303-942495
Homepage:
www.deutscher-kinderhospizverein.de
Email:
unna.hamm@deutscher-kinderhospizverein.de.
Spendenkonto/Bank:
Sparkasse Unna
BLZ: 44350060
Konto-Nr.: 115006

Ambulanter Kinderhospizdienst Ostalb
Maltester Hilfsdienst e. V.
Schlachthausstr. 5
73525 Schwäbisch-Gmünd
Telefon-Nr.: 07171-92655-15
Telefax-Nr.: 07171-92655-5
Homepage:
www.kinderhospizdienst.de
Email:
Markus.Zobel@maltanet.de
Spendenkkonto/Bank:
VR-Bank Aalen e. G.
BLZ: 61490150
Konto-Nr.: 44777000
V-Zweck: Stichwort:
Kinderhospizdienst Ostalb

Ambulanter Kinderhospizdienst Stuttgart
Stafflenbergstr. 22
70184 Stuttgart

Telefon-Nr.: 0711-23741359
Telefax-Nr.: 0711-2374154
Homepage:
www.hospiz-stuttgart.de
Email:
info@hospiz-stuttgart.de
Spendenkonto/Bank:
BW-Bank Stuttgart
BLZ: 60050101
Konto-Nr.: 2071020

**Kinderhospiz-Initiative
Witten e. V.**
Meesmannstraße 32
58456 Witten
Telefon-Nr.: 02302-277719
Telefax-Nr.: 02302-277721
Homepage:
www.kinderhospiz-initiative-wit-
ten.de
Email:
webmaster@kinderhospiz-initiati-
ve-witten.de
Spendenkonto/Bank:
ohne Angabe
BLZ: ohne Angabe
Konto-Nr.: ohne Angabe

Kinderhospizarbeit Konstanz
Hospiz Konstanz e.V.
Talgartenstraße 4
78462 Konstanz
Telefon-Nr.: 07531-691380
Telefax-Nr.: 07531-6913829
Homepage:
hospiz-konstanz.de
Email:
hospiz-konstanz@t-online.de
Spendenkonten/Bank:
Sparkasse Bodensee
Konto-Nr.: 24232423
BLZ: 69050001
Bank:
Thurgauer Kantonalbank
Konto-Nr.: 1620478.159-01
Clearing-Nr.: 78416

**Treuhandstiftung Ambulantes
Kinderhospiz München**
Träger: Björn Schulz Stiftung
Blutenburgstr. 64
80636 München
Telefon-Nr.: 089/21896719
Telefax-Nr.: 089/21896717
Internet:
www.kinderhospiz-muenchen.net
Email:
info@kinderhospiz-muenchen.net
Spendenkonto/Bank:
Bank für Sozialwirtschaft
Konto-Nr.: 3770210021
BLZ: 70020500

**Initiative Schmetterling
Neuss e.V.**
Am Fließ 14
41363 Jüchen
Telefon-Nr.:
0700-35103510
Telefax-Nr.: wie Telefon-Nr.
Internet:
www.schmetterling-neuss.de
Email:
info@schmetterling-neuss.de
Spendenkonto/Bank:
Sparkasse Neuss
Konto-Nr.: 80172257
BLZ: 30550000

**Sonstige Anlaufstellen zum Thema
Hospizarbeit/Trauerarbeit mit Kindern, Jugendlichen und jungen Erwachsenen**

**Kinder auf Schmetterlingsflügeln
e. V.**
Bohmbrook 30
23689 Pansdorf
Telefon-Nr.: 04504-715115 oder
Mobil: 0177-4642669
Telefax-Nr.: 04505-714179
Internet:

www.kinder-auf-schmetterlings-
fluegeln.de

www.kinder-auf-schmetterlings-
fluegeln.eu
Email:
ki-sf@t-online.de
Spendenkonto/Bank:
Sparkasse Holstein
Konto-Nr.: 134105246
BLZ: 21352240
Der Verein Kinder auf Schmetter-
lingsflügel e. V. steht in den Pla-
nungen für ein stationäres Famili-
enhospiz in Schleswig-Holstein.

Kontaktstelle für Schmerzpa-tienten

„eigenes leben e.V."
Wilma Henkel
Leiterin der Geschäftsstelle Pro-
jektmanagement „Schmerzthera-
pie und Pädiatrische Palliativme-
dizin" des Instituts für Kinder-
schmerztherapie und Pädiatrische
Palliativmedizin der Vestischen
Kinder- und Jugendklinik Datteln
Dr.-Friedrich-Steiner-Str. 5
45711 Datteln
Telefon-Nr.: 02363-975180
Telefax-Nr.: 02363-64211
Internet:
www.eigenes-leben-ev.de

www.kinderklinik-datteln.de

www.schmerzen-bei-kindern.de
Email:
eigenes-leben@web.de
Spendenkonto/Bank:
Volksbank Waltrop
BLZ: 41661717
Konto-Nr.: 1401339800

Kontaktstelle für seltene Er-krankungen

ACHSE e.V.
c/o DRK-Kliniken Westend
Spandauer Damm 130
14050 Berlin
Telefon-Nr.: 030-30201585
Telefax-Nr.: 030-30201599
Homepage:
www.achse-online.de
Email:
info@achse-online.de
Spendenkonto/Bank:
Bank für Sozialwirtschaft
BLZ: 37020500
Konto-Nr.: 8050500

Kontaktstellen für verwaiste Eltern/ verwaiste Geschwister-kinder

Verwaiste Eltern Hamburg e.V.
Bogenstr. 26
20144 Hamburg
Telefon-Nr.: 040- 45 000 915
Telefax-Nr.: 040- 35 71 87 67
Internet:
www.verwaiste-eltern.de
Email:
info@verwaiste-eltern.de
Spendenkonto/Bank:
Hamburger Sparkasse
BLZ: 20050550
Konto-Nr.: 013/212020
V-Zweck: Unterstützung für Fa-
milien nach dem Tod eines Kindes

Leben ohne Dich e.V.
Selbsthilfe für Eltern,
die ihr Kind verloren haben
Westkapeller Ring 21
45481 Mülheim
Telefon-Nr.: 0208/428809
Telefax-Nr.: es ist kein Faxan-
schluss vorhanden

Internet:
www.leben-ohne-dich.de
Email:
info@lebenohnedich.de
Spendenkonto/Bank:

Sparkasse Mülheim an der Ruhr
BLZ: 36250000
Konto-Nr.: 356573072
Verwendung: Bitte Adresse für
Spendenbescheinigung angeben

Melanie Ahrens

Jg. 1971, lebt mit ihrem Mann Rolf und Tochter Loreen in Schleswig-Holstein. In ihrer Freizeit arbeitet sie mit jungen Menschen, die einen besonderen Lebensweg meistern. Durch eigenes Erleben geprägt hat sie die Initiative »Heller Stern Schleswig-Holstein e. V.« gegründet.

ERFAHRUNGEN

Melanie Ahrens

Glück, ich sehe
dich anders

Mit behinderten Kindern leben

BASTEI
LÜBBE

Das Buch „Glück ich sehe Dich anders"
ist ein Erfahrungsbericht. Es geht um das Leben mit
zwei geistig behinderten Kindern
(Down-Syndrom und Williams-Beuren-Syndrom)
und darum, ob eine Mutter nach dem Verlust ihres Kindes
jemals wieder lachen kann.
Tochter Louise ist das Buch gewidmet.
Es beinhaltet eine Reise durch das kurze,
aber intensive und glückliche Leben von Louise
mit Down-Syndrom.